こんなところでつまずかない！

破産事件
21のメソッド

東京弁護士会 親和全期会
編著

第一法規

はしがき

　司法修習修了後に法律事務所に就職し、初めに担当した事件が破産事件であったという経験を持つ弁護士は少なくないのではないでしょうか。また、ある日、裁判所から初めて破産管財事件の配点を受けて緊張を覚えたことを記憶している弁護士も少なくないのではないでしょうか。
　破産事件は、定式化された画一的な手続に見えるかも知れませんが、実際には、手続の流れや意味を十分に理解し、様々な論点や場面に応じた知識や対応が必要な難易度の高い事件です。破産管財人として破産事件に適正に対応するには、正確な知識と経験が必要になることはいうまでもありません。
　ところで、弁護士登録後、間もない新人弁護士がお手本にできる先輩弁護士は、多くの場合、事務所のボス弁や兄弁・姉弁等の身近にいる弁護士でしょう。また、今では共同事務所も多く、その場合には複数のボスや兄弁・姉弁と共に仕事をすることで先輩弁護士の仕事をお手本にすることができるでしょう。しかし、ボス弁が1名の個人事務所やいわゆるイソ弁が1、2名ほどの小規模事務所も多く、その場合には、新人弁護士がお手本にできる先輩弁護士が限られていることもあるでしょう。
　また、昨今、弁護士が取り扱う業務の範囲や事件対応に要求される水準も日増しに広範かつ高度になっており、限られた先輩弁護士の仕事に関わるだけでは新人弁護士が弁護士としてのキャリアをスタートさせるのに十分でない場合もあるかもしれません。まして、最近では、弁護士登録後、直ちに法律事務所を経営するいわゆる「即独」の道を歩む新人弁護士も少なくありません。そのような状況のもとで、先輩弁護士がどのようなやり方で仕事を進めているか、どのような点に留意しているか等の新人弁護士の素朴な疑問やニーズに応えようとしたのが「21のメソッド」シリーズです。
　本書は、多くの弁護士が扱う「破産事件」をテーマとして、破産手続開始の申立てや破産管財業務等を行う場合に弁護士が直面する様々な問

題点について、日ごろから破産事件に関与し、豊富な経験を持つ中堅・若手の弁護士が実際の経験を踏まえて具体的に記述した書籍であり、実践的な内容に富んでいます。破産事件では、各裁判所ごとに手続や取扱いが異なり、弁護士がなすべき対応が異なる場合もありますが、本書は執筆を担当した中堅・若手の弁護士が実際に積み重ねた経験やノウハウを示したものとしてご理解いただければ幸いです。本書が、今後、破産事件に携わる新人弁護士にとって参考になることを期待しています。

　本書の執筆・編集を担当したのは、いずれも親和全期会に所属する弁護士です。親和全期会は、東京弁護士会に所属する会派である法曹親和会に属する弁護士のうち、司法修習修了後15年未満の中堅・若手弁護士によって構成される団体であり、現在、所属弁護士は1000名を超えています。親和全期会では、弁護士業務に関する研修会・講演会や会員間の親睦を深める様々な行事の開催、書籍の執筆・出版のほか、日本弁護士連合会や東京弁護士会などに関する会務や政策への取組み等の様々な活動を行っています。親和全期会の弁護士は、このような活動を通じて所属事務所の枠を超えて他の多くの弁護士と交流し、情報や悩みを共有し、日々切磋琢磨しています。

　親和全期会の活動を担う若手・中堅弁護士は、いずれも創意工夫を重ねて弁護士としての活動領域を拡大し、また、業務の質の向上に熱心に取り組んでいます。そのような創意工夫の一端が本書を手に取られた読者のみなさんの一助になれば、望外の喜びです。

　最後に、本書の出版にあたっては、第一法規株式会社出版編集局編集第一部の河田愛氏、宗正人氏、池田将司氏に大変お世話になりました。厚く御礼申し上げる次第です。

平成30年11月
東京弁護士会　親和全期会
平成30年度代表幹事
弁護士　楠本維大

こんなところでつまずかない！
破産事件 21 のメソッド

目次 Contents

はしがき ……………………………………………………………………………… i

Method 01 | 受任にあたって
ヒアリングと委任契約は慎重に 001

- 体験談 1　保証債務を見逃すな！ …………………………………… 003
- 体験談 2　家族には秘密にしたいという場合の対応 ……………… 005
- ワンポイントアドバイス ……………………………………………… 007

Method 02 | 破産の回避
その破産申立、本当に必要ですか？ 009

- 体験談 1　破産手続終結後の破産会社の消滅時効援用 …………… 012
- 体験談 2　破産申立の回避 …………………………………………… 014
- ワンポイントアドバイス ……………………………………………… 016

Method 03 | 受任後申立てまでにあたって
申立ては速やかに！ 018

- 体験談 1　海外に債権がある場合の申立て ………………………… 020
- 体験談 2　簡易配当後の未払税金の発覚 …………………………… 023
- ワンポイントアドバイス ……………………………………………… 025

iii

Method 04 | 申立書作成・予納金準備
郷に入っては郷に従え！ 027

- 体験談1　裁判所ごとに書式は異なる ……………………………… 029
- 体験談2　裁判所ごとに違う予納金額に要注意 ……………………… 031
- ワンポイントアドバイス ……………………………………………… 034

Method 05 | 法人破産の申立て
個人破産との違いに注意 036

- 体験談1　営業中の法人の申立て ……………………………………… 039
- 体験談2　申立て前に裁判所に事前相談をした方がよいこともある ………… 041
- ワンポイントアドバイス ……………………………………………… 042

Column | 従業員への対応 …………………………………… 044

Method 06 | 申立て時
事前調査は手続の羅針盤 046

- 体験談1　管財OR同時廃止 …………………………………………… 047
- 体験談2　破産手続開始決定日を意識する …………………………… 049
- ワンポイントアドバイス ……………………………………………… 051

Column | 開始決定までの期間 …………………………… 052

Method 07 | 管財業務一般
迅速に着手せよ！ 054

- 体験談1　売掛金の回収 ………………………………………………… 055
- 体験談2　賃借物件の明渡しは早急に ………………………………… 058
- ワンポイントアドバイス ……………………………………………… 061

Column | 管理システム解除のタイミング ……………… 062

Column | 引継ぎ書類を選別せよ！ ……………………… 064

Method 08	破産開始後の事業の継続 事業継続できるか否か、それが問題だ	068

体験談1　会社は破産したけれど、個人として事業を継続できる？ ……… 071
体験談2　法人の事業継続 ……………………………………………… 074
ワンポイントアドバイス ………………………………………………… 076

Method 09	債権調査 債権の管理、さぼってませんか？	077

体験談1　申立人の居住用建物の賃料未払い ………………………… 079
体験談2　個人再生崩れに注意！ ……………………………………… 081
ワンポイントアドバイス ………………………………………………… 083

Method 10	財団債権・優先的破産債権 区別と順位付け、ちゃんとできますか？	085

体験談1　国民年金保険料の未払いは面倒 …………………………… 087
体験談2　雇用保険未加入でも諦めるな ……………………………… 090
ワンポイントアドバイス ………………………………………………… 092

Method 11	破産手続中の不測の事態 備えなくても憂いなし	094

体験談1　破産手続中の破産者の死亡 ………………………………… 096
体験談2　海外渡航の発覚 ……………………………………………… 098
体験談3　配当後の国税還付金送金通知 ……………………………… 100
ワンポイントアドバイス ………………………………………………… 101

Method 12	否認権 慎重に検討し、やるとなったら迷いなく	103

体験談1　偏頗弁済 ……………………………………………………… 105
体験談2　申立てまで長期化している破産案件 ……………………… 107
体験談3　同棲中の彼女からの借入れ ………………………………… 108
体験談4　給与からの天引き …………………………………………… 111
ワンポイントアドバイス ………………………………………………… 113

| Method 13 | 財産の調査 小さなことからコツコツと | 114 |

体験談1　申立代理人記載のメモ …………………………………… 115
体験談2　通帳は情報の宝庫 ………………………………………… 117
体験談3　生協出資金の発見 ………………………………………… 119
ワンポイントアドバイス ……………………………………………… 121

| Method 14 | 自由財産の拡張 事情検討は丁寧に | 123 |

体験談1　自営業者の事業用資産・売掛金について ………………… 125
体験談2　破産管財人の消極意見に対し裁判所から修正意見の提出要請 …… 127
ワンポイントアドバイス ……………………………………………… 129

| Method 15 | 生命保険・私的年金 換価方法には要注意！ | 131 |

体験談1　破産手続開始申立前に現金化された解約返戻金 ………… 133
体験談2　私的年金契約の民事執行法152条1項該当性 …………… 135
体験談3　差押禁止債権の理解が…… ………………………………… 138
ワンポイントアドバイス ……………………………………………… 140

| Method 16 | 不動産の売却 誰か早く高く買ってくれませんか？ | 142 |

体験談1　不動産の任意売却の流れとポイント ……………………… 145
体験談2　未分割の遺産を見逃すな …………………………………… 148
ワンポイントアドバイス ……………………………………………… 150

| Method 17 | 在庫保全 在庫を制する者は管財業務を制する(？) | 151 |

体験談1　書店の破産で在庫書籍の処分が問題に …………………… 154
体験談2　倉庫業者の留置権との調整 ………………………………… 156
ワンポイントアドバイス ……………………………………………… 158

Method 18 | 破産者が使用していた自動車
換価か放棄か見極めは素早く　159

- 体験談1　車両は高く売れることがある ……………………………… 161
- 体験談2　所有権留保付き自動車に対する対応 ……………………… 163
- ワンポイントアドバイス ………………………………………………… 166

Method 19 | 破産財団に帰属する労働債権
債権の種類の違いを意識して　167

- 体験談1　未払時間外手当請求権 ………………………………………… 169
- 体験談2　破産者の自由財産と競合する破産財団構成財産の換価 …… 171
- ワンポイントアドバイス ………………………………………………… 173

Method 20 | 把握・換価が困難な破産財団
それ、売れるかも！？　176

- 体験談1　知的財産権（著作権等）の把握が困難だった事例 ………… 179
- 体験談2　社内積立の取扱い・自社株について ……………………… 181
- ワンポイントアドバイス ………………………………………………… 184

Method 21 | 免責
その人、本当に免責でいいですか？　187

- 体験談1　クレジットカードを使ったのは第三者？ ………………… 191
- 体験談2　キャバクラ好きの破産者 …………………………………… 194
- ワンポイントアドバイス ………………………………………………… 196

編集後記 ……………………………………………………………………… 198
執筆者一覧 …………………………………………………………………… 200

本書中の体験談は、執筆者自身の経験や他の弁護士へのインタビュー等を元に内容を再構成したものです。各体験談冒頭のプロフィールは、必ずしも各執筆者のプロフィールと一致するものではありません。

凡例
裁判例には、原則として判例情報データベース「D1-Law.com判例体系」(https://www.d1-law.com)の検索項目となる判例IDを〔 〕で記載しています。
例:最二小判平成7年9月8日金融法務事情1441号29頁〔27828861〕

また、本書においては、中山孝雄・金澤秀樹編『破産管財の手引 第2版』(金融財政事情研究会、2015年)を『破産管財の手引〈第2版〉』として表記しています。

本書は2018年9月までに公表されている内容によっています。

Method 01 受任にあたって

▶ ヒアリングと
　委任契約は慎重に

――破産事件の受任は緊急を要することが多く、初回相談にて即時の委任契約締結や、破産者への注意事項の説明、対応の指示等をする必要がある。対応の不備が後の事件進行の妨げにならないよう慎重を期する必要がある。

破産事件の受任にあたり注意すべき事項

　破産事件の受任にあたっては、受任通知送付から破産申立、破産手続終了までの一連の流れの説明に始まり、債権者の確認、受任通知送付の要否及び送付のタイミングの検討、受任通知送付による相殺を回避するための対応、偏頗弁済等の禁止事項の説明、関連事件の有無の確認、破産者の家族等への秘密管理など多岐にわたる事項のヒアリング・説明・指示を即座に行う必要があります。
　どれ一つとっても重要なことばかりであり、それらを怠ると、結果的に破産財団を減少させてしまったり、免責不許可事由に該当し得る行為が発生したりと、破産事件の進行に悪影響を及ぼす可能性があります。
　受任時の注意点を列挙した書籍（『クレジット・サラ金処理の手引〈5

訂版補訂〉』東京弁護士会＝第一東京弁護士会＝第二東京弁護士会、2014年、第8講等）を活用したり、自分でチェックリストを作成したりする等して、受任時の初動を誤らないよう注意する必要があります。

弁護士報酬の妥当性

　破産事件においても、他の事件同様、弁護士の委任契約書を作成することは当然です（弁護士職務基本規程30条）が、委任契約書の作成のみならず、弁護士報酬の妥当性についてもよく検討する必要があります。
　平成16年4月から弁護士報酬が自由化されましたが、破産事件に関しては、事件内容やその業務内容に照らし、報酬支払の対価である役務の提供と合理的均衡を失する弁護士報酬を受領した場合、破産管財人に否認権を行使される、ないしは不法行為として損害賠償請求される場合があるからです。
　申立代理人報酬の妥当性を判断する判断要素としては裁判例が複数あり、例えば、千葉地松戸支判平成28年3月25日判例タイムズ1438号216頁〔28252954〕では、「具体的な弁護士報酬の額が役務の提供と合理的均衡を失するか否かの判断は、客観的な弁護士報酬の相当額との比較において行うのが相当であり、事件の経済的利益、事案の難易、弁護士が要した労力の程度及び時間その他の事情を考慮し、日本弁護士連合会が定めた旧日弁連基準、弁護士の報酬に関する規程等をも斟酌し、総合的に勘案すべきである」との判示がされており、参考になるものと思われます。
　裁判例を参照しつつ、弁護士報酬の設定に際しては、旧日弁連弁護士報酬基準規程、弁護士会の法律相談センター等が定めるセンター基準等を考慮したうえで、業務内容に照らし適正な報酬額に設定するのがよいでしょう。
　また、難易度の高い破産事件の場合であっても、高額な報酬を設定する場合は、後から破産管財人が報酬の適正さを検証することが可能なよ

うに、契約書に弁護士報酬の計算方法等の詳細を記述しておくことをおすすめします。

> **体験談1**

保証債務を見逃すな！

弁護士8年目　女性

一般個人の破産申立

　相談に来られたのは、中年の男性で、いわゆるサラリーマンの方でした。
　多額の負債があり、負債が返せない状態であるために、破産申立を行い、身辺の整理を行いたいということでした。
　負債を作ったきっかけは、生活費の不足分やお子さんの教育資金のため、消費者金融から借入れを行っていたものの、整理解雇にあい、負債の返済が不可能になった、という経緯です。
　債権者としては、消費者金融会社のほか、親戚、知人からも借入れを行っており、債権者が多数であることと、債権額もそれなりにあったことから、管財事件になる見込みでしたが、定型的な破産事件といえるようなお話であり、申立てに向けて準備を行うことになりました。

保証債務を負うのは会社の代表者だけではない

　個人破産の申立てを行う場合、申立人から債権者や債権者の連絡先、債権額を聴取し、受任通知を発送したうえで、債権調査を行い、破産申

立を行うことが一般的かと思います。

　また、申立人が企業の代表者や役員であれば、会社の債務について保証債務を負っていないか確認したり、債務の中に奨学金の返済債務があれば、当該債務の保証人が誰かなど申立人に確認したりします。

　しかしながら、債権者、債務者共に個人で、申立人が契約書を保管していないために、債権自体の存在は認めているものの、その額や詳細が不明であることは珍しくありません。

　なお、今回の申立人については、事情をお伺いしている中で、お子さんが大学に通学する際に奨学金を借り入れており、申立人が保証人となっていることがわかりましたので、当該保証債務も債権者に入れ、申立てをすることとしました。

保証人も同時に破産申立をすることも検討

　また、一般債権者のうち、知人からの借入れについては、借り入れた時期がかなり昔であり、連絡先はわかっていて、何度か返済はしているものの、借用書の有無や、返済の条件などを申立人は覚えていませんでした。

　私としては、知人である債権者の連絡先はわかっているので、通知を出し、そのうえで破産申立てをすればよいと思い、準備を進めていました。

　当該債権者の他の債権者からの債権額の回答があり、申立て準備もある程度整った段階で、申立人と配偶者の方が打合せにいらっしゃいました。その雑談の中で配偶者が上記知人の債務を何度か返済したという話が出てきたため、よくよく話を聞いてみると、配偶者の方が保証をしていて、保証人として債務を履行したということが判明しました。

　そこで、申立人の知人であるその債権者に連絡をとり、債権届出をしてもらう際に、消費貸借契約書の写しを送付してもらったところ、やはり申立人の配偶者が保証債務を負っていることが判明しました。

申立人の配偶者は就労しておらず、収入がないため、この時点で方針を変更して、申立人と配偶者二人とも破産申立を行うこととしました。

　東京地方裁判所においては、関連事件として破産申立を行うことにより、最低予納金の20万円で二人分の破産事件の予納金として取り扱うことが可能です。

　また、申立て直前に本件のような事実が発覚したとしても、申立て時に関連事件の申立予定があることを申告しておけば、上記と同様1件分の予納金で二人分の予納金を賄うことが可能です。

　保証債務を見逃していれば、破産者や保証人に余分な申立て費用や、予納金を負担させることになりかねません。そのようなことがないよう、債権調査を十分に行うことが必要であることを痛感した事件でした。

体験談2

家族には秘密にしたいという場合の対応

弁護士7年目　男性

妻は何も知りません

　相談者は30代の男性でした。転職を繰り返しているうちに収入が減り、さらに結婚して新生活のためにお金がかかるなどして、少しずつ借入れが増えていったそうです。数か月前に別の弁護士に依頼して任意整理手続をし、分割弁済をしている途中とのことでした。しかし、妻が出産を機に退職して家計の収入が減り、分割弁済の額を支払うのも難しくなって私のところに相談にいらっしゃいました。収入の状況や借入れの残高等を見て、破産手続の申立てをすることとなりました。

　いつもの手順に従って、「今日ご相談にいらしていることを奥さまは

ご存知ですか」とお聞きしたところ、「一切知りませんし、心配をかけたくないので話すつもりはないです」とおっしゃいます。さらにお話を伺うと、妻とは結婚して約3年経つとのことですが、相談者に結婚前から借金があったことや、相談者の収入の状況を妻は全く知らないとのことでした。相談者が毎月の食費等だけを妻に渡して、家賃や公共料金の支払い等は相談者が行うなど、家計全体の管理は相談者がしていて、支払いや妻に渡す生活費が足りないと、妻には言わずに、アルバイトをしたり、借入れをしたりして補っていたのです。

強制はできない。でも……

　夫婦間でここまで全く話していないというのは極端なケースで、相談に来る直前には打ち明けていたり、あるいは正確な額や用途は伝えていなくても借金があること自体は話しているケースが多いように思います。

　最初の打合せの際に、「破産手続をしたことは周りに知られますか」との質問をよく受けますが、「官報に掲載されても一般の方はまず見ないですし、一定の職業に就けなかったり、郵便物が転送される以外は通常どおりの生活を送れるので、言わなければ知られることはありません」とお答えします。私も、本人が隠したいと強く主張すれば、ご自宅には電話しないようにし、ご自宅に書類を送る際も法律事務所からだとわからない方法で送る等の協力はします。

　しかし、少なくとも同居している家族（配偶者）には話した方がいいとお伝えします。申立てをする際に資産や家計の状況を正確に把握するためには家族の協力が重要ですし、破産手続が終了した後（免責許可決定後）の生活再建のために家計を見直す作業においては家族の協力が不可欠です。また、債務の原因が浪費であったり、家計の収支の状況からして生活再建が困難とも思われるような場合は、破産管財人から破産者本人のみならず、家族とも面談したいといわれることもあります。したがって、申立段階では家族に秘密にしていても、手続の過程で話さざる

を得なくなることもあります。

　さらに、家族に知られないようにしたいと考えると、自ずと申立代理人や破産管財人にも事情を隠そうとする心理が働くように思います。別の事件で恥ずかしながら、借金の理由は浪費であると私にも配偶者にも説明していた依頼者から、破産手続開始決定後に、実は賭博をしていたということを打ち明けられ、慌てて破産管財人に事情説明をしたことがあります。したがって、自身が借入れをするに至った理由と向き合うためには、やはり相談者自身が覚悟を決めて、家族に話すということも重要なように思います。

もっと強く説得した方がよかったのか

　冒頭のケースは、破産管財人の弁護士も面談の際に妻には話した方がいいですよと説いてくださいましたが、相談者は結局最後まで妻に話さないまま手続は終わりました。

　一回目の任意整理がうまくいかなかった大きな理由は、相談者が、妻と家計の苦しい状況を共有しないまま任意整理を始めたために、根本的な家計の見直しができなかったことにあると思います。そう考えると、破産手続が終わった後に相談者が生活を再建するという目的を果たすためには、申立代理人として、家族に話すようもう少し強く説得できればよかったのかなと思い返す事案です。

資格制限の職種

　破産申立をして破産手続が開始した場合、ある資格を得ることができ

なくなったり、あるいはすでに有している資格を失ってしまうという職種があります。われわれ弁護士資格もその一つであり、ほかには生命保険外交員、警備員、宅地建物取引士などがあります。この資格制限がある職種はかなり多岐にわたっているうえ、破産法に網羅的に規定されているわけではありません。つまり、弁護士については弁護士法7条5号など、それぞれの資格に関する法律に規定がなされています。そのため、資格制限がある職種としてよく知られているものであれば相談時にすぐに気づくはずですが、マイナーなものについては注意が必要です。ポイントとしては、士業や、他人の財産に関わる仕事については、資格制限がなされていることが多いことです。

　また、資格制限の問題があることに気づくのは、通常は初回の相談時など、受任から近い時点であることが多いと思います。相談を受け、破産するかどうかを考えるときに、相談者の仕事が資格制限がある職種であれば、それでも破産をするのか、破産以外の手続をとるのかを選択することになるからです。

　もっとも、例えば個人事業主など、破産申立と同時にそれまでやっていた仕事を辞め、新たに仕事を探すというパターンもあると思います。このようなときも、資格制限の職種が問題になる可能性があります。つまり、破産者が破産申立前、あるいは破産手続中に新たな仕事を見つけても、その仕事が資格制限がある職種であった場合には、破産手続中は仕事ができないどころか、そもそも雇ってもらえないということになりかねません。しかし、破産者が就職活動をする場合、資格制限がある職種について正確な知識を持っているとは限りません。むしろ、前述したとおり、資格制限がある職種は多岐にわたっており、それを全て知っているということは通常はないといえます。したがって、弁護士は、破産者が仕事を辞めて就職活動をする際にも、破産者が就こうとしている仕事が資格制限があるものかどうか確認し、適宜アドバイスをすべきです。破産者の就職活動は、破産手続と直接的に関係するものではありませんが、せっかくの破産者の努力が徒労に終わることのないようにするため、また破産者の経済的更生を図るため、積極的に関わっていくべきでしょう。

Method 02 | 破産の回避

▶ その破産申立、
　本当に必要ですか?

──依頼者の話を聞いて、破産申立てが相当と判断したとしても、もう一度他の選択肢がないか検討すべきである。

受任にあたって

　債務整理の相談がなされると、弁護士としては、どのような手段・手続が当該依頼者にとって適切かを考えます。

　考えられる選択肢としては、任意整理、破産、民事再生といったところでしょうか。法人であれば、特別清算も考えられます。

　負債の額、資産の額、負債の原因、収入と支出のバランス、職業、家族構成など、その手続選択にあたって検討する要素はさまざまです。

　依頼者からの話を聞いたうえで、手続として、破産申立が相当と判断したとしても、他に選択肢がないか、再度、検討してみましょう。

破産手続開始の原因

　破産法は、破産手続開始の原因として、「支払不能」を挙げています。
　また、債務者が「支払を停止」したときは、支払不能にあるものと推定するとの規定を設けています（破産法15条）。
　そして、「支払不能」については、債務者が支払能力を欠くために、その債務のうち弁済期にあるものにつき、一般的かつ継続的に弁済することができない状態をいうと定義されています（同法2条11項）。
　債務者が法人である場合には、支払不能に加えて、「債務超過」、すなわち、債務者が、その債務につき、その財産をもって完済することができない状態についても、破産手続開始の原因とされています（同法16条1項）。
　そのため、支払不能や、債務超過の状態にあれば、破産の申立ては可能です（なお、障害事由がないことも必要ですが、ここでは、省きます）。

各手続の特徴

　債務整理には、いわゆる精算型の手続（破産、特別清算）と再生型の手続（民事再生、会社更生）があるといわれています。
　これらに加えて、特定調停や任意整理も、債務整理のための手続として挙げられます。
　各手続にはそれぞれ、特徴があり、メリット・デメリットがあります。
　精算型の手続は、その時点の資産を全て現金化し、総債務について弁済をする（法人については存在自体が終了する）というものです。
　これに対して、再生型の手続は、経済活動の継続を前提として、その後の活動による収益を債権者に配分するというものです。
　また、特定調停や任意整理は、あくまでも債務者と債権者との協議を経て、互譲によって、解決する手続です。

破産・免責を経れば、債務者は、過去の債務からは解放され、新たな生活を始めることが可能であり、これは大きなメリットといえます。

　他方で、管理処分権を有する破産管財人が任命され、この破産管財人のもとで清算が行われることとなります。

　また、職業によっては、資格制限を受けることがあります。生命保険外交員、警備業者、警備員など、破産手続開始決定を受けることによって、その職業に就く資格の制限を受けるものがあり注意が必要です。（Method 01 参照）

　そもそも、債務者本人にとって破産をするということは、一生の問題であり、破産は避けたいという心情の債務者も多数存在します。

　弁護士自身が、各手続のメリット・デメリットをよく理解し、債務者に十分説明して、納得をしてもらったうえで、手続の選択をする必要があります。

破産の回避

　各手続の特徴を踏まえて検討した結果、破産の申立てもやむなしと判断したとしても、あらためて、債務超過を解消することができないかなど、検討してみましょう。

　調査をした結果、実は債務が時効等によって消滅していた、事業譲渡などの活用によって、破産をすることなく債務の解消が可能となった事例も見受けられます。

　債務者のニーズをよく見極めて、どのような手続の選択が相応しいのか、債務の解消の方法はないのかなど、今一度検討するよう心がけましょう。

> 体験談1

破産手続終結後の破産会社の消滅時効援用

弁護士11年目　女性

保証債務が履行できない

　Aさんは10年以上前に破産した会社の連帯保証人として、同会社の破産手続が異時廃止により終結した後も、保証会社から請求を受けて、少しずつ債務を支払ってきました。もともとは破産会社の代表取締役であったAさんのご主人がAさんに無断で署名してAさんを連帯保証人としてしまっていたのですが、署名押印のある契約書があり、債務支払いの実績もあるため、保証契約の成立を争うのはなかなか困難そうです。また、債務を履行してきている以上、保証人自身の消滅時効は中断しており、援用できそうにありません。

　Aさんから、「自分が生きているうちに、この件を解決したい」と相談されて、私は当初、保証会社が減額に応じてくれなければ、破産申立をするしか方法がないかな……と考え、とりあえずAさんから委任を受けて、保証会社と交渉をすることにしました。

破産会社の主債務の消滅時効を
援用できるケースがある？

　交渉の当初は、Aさんの資力が全くないことなどを裏付ける資料を集めるなど、保証会社が減額に応じるための材料を探すことに注力していました。

　ところが、確かに資力の裏付けはないものの、保証会社も、会社の方

針として、そうそう簡単に減額には応じられないとのことでした。

　たまたま、この件の担当者が自分が担当である間に解決したい、という強い熱意のある方で、私に対し、主債務者である会社が破産した場合でも、主債務の消滅時効を援用できるケースがあるのではないかと情報提供してくれました。

　私は、「会社が破産する＝会社の法人格が消滅する」ということなので、主債務も当然に消滅すると捉え、主債務の消滅時効を援用するという発想がなかったのですが、調べてみたところ、破産手続が終結した場合であっても、破産手続終了後に清算すべき財産が存在する場合（破産管財人が換価困難な不動産を放棄した場合等）には、保証人は破産手続終了後に主債務の消滅時効が完成したことを主張して時効を援用することができると判示したと解される判例があることがわかりました（最二小判平成7年9月8日金融法務事情1441号29頁〔27828861〕）。

　そこで、破産会社の破産手続に関する記録を確認したところ、いくつかの土地の共有持分権を残したまま破産手続廃止決定が確定していることが判明しました。

　そのため、私は、一次的には保証債務の成立を否認し、二次的に、主債務者である破産会社の消滅時効を援用する旨の通知を保証会社に対して送付しました。

　その結果、それ以降、保証会社からの請求は行われなくなりました。

安易に破産申立を考えないこと

　今回のケースでは、たまたま担当者からの情報提供があり、上記判例に行き着くことができましたが、上記判例の存在に気がつかないでいたら、本件を解決するためには、破産申立しかありません、というアドバイスをしてしまい、依頼者がこれまで積み立ててきた保険なども無にしてしまっていたかもしれません。

　特に今回のケースのように、自らのあずかり知らないところで多額の

債務を負ってしまい、しかも債権者は一社しかない、などの場合は、破産申立という手続を回避する方法が本当にないのか、極めて慎重に調査し、判断しなければならないと大いに反省しました。

> 体験談 2

破産申立の回避

弁護士10年目　男性

破産の受任

　とある中小企業から事業を整理したい旨の相談を受けました。
　整理したい直接の理由としては、社長が高齢化し、適当な後継者が見つからないということでしたが、実体をみてみると、一定の売上げはあるものの、経費が高いままの状態が続いており、社長が個人資産をつぎ込み、何とか、事業を継続させているという状態でした。
　また、売上げの70パーセント近くは、一つの会社からの受注によるものでした。受注先の会社は一部上場の規模の比較的大きい会社であり、そのため、今後も売上げ自体は継続して見込める状態でした。
　他方で、負債は、金融機関（一社）からの借入れ（なお、社長の個人保証あり）と、親族や代表者からの借入れがほとんどでした。
　リストラを断行すれば、利益が生じる可能性もあったのかもしれませんが、社長自体が高齢で、事業を継続することが困難だったため、破産することを前提に準備を進めました。
　上記の受注先の会社には、破産をすることを前提に挨拶をし、業務をどのように引き継いでいくか、いつ事業を終了するか、というタイミングの相談をしていました。

また、破産の申立ての準備として、従業員に対しては、解雇の予定を伝え、処分可能な資産を整理し、売却処分に向けて、見積りを取得するなどしていました。

事業譲渡の打診

　このように破産に向けた準備を進めていたところ、競合他社より連絡があり、事業の譲渡を受けたいという打診がありました。

　これを受けて、社長と相談し、できることなら従業員も含めて引き受けてもらおう、事業譲渡の金額については、そもそも利益が出ている事業ではなかったため、所有していたトラックの金額を下回らないことを前提とし、また、金融機関からの残債務を超える金額を目指すことにしました。そうすることで、社長の個人保証の負担がなくなると考えたからです。

　この方針に基づき、相手方と交渉し、結果として、従業員も含めて引き受けることを承諾してもらい、また、金額についても、双方が折り合えたため、事業譲渡契約を締結することとしました。

　事業譲渡契約にあたっては、事業自体にあわせて、事業に必要なトラック、リース物件を引き継ぐこととしました。また、従業員については、譲受け会社に移ることを拒否した従業員以外は引き継がれることになりました（なお、事業譲渡により利益が生じたとして課税される可能性もあるので、その点の注意は必要です）。

　今振り返ると、当初の相談の段階で、事業譲渡という選択肢をもっと積極的に検討した方がよかったのではないかと思います。

　事業譲渡の打診があってから、契約成立までほとんど時間がありませんでした。そのため、こちらの事業について客観的な評価をする機会がありませんでした。

　より早い段階で事業譲渡をもっと積極的に検討していれば、より高い金額で売却できたかもしれません。

> **ワンポイントアドバイス**

特別清算か破産か

　清算型の倒産手続として法制度化されているものとして、破産手続の他に特別清算手続（会社法510～574条、879～902条）があります。

　特別清算手続は、親会社が子会社を清算する場合に、子会社に対する債権を無税償却する（子会社に対する債権について法人税法上損金算入が認められるようにし、子会社に対する債権放棄について寄附金課税されるのを回避する）目的等で利用されます。

　子会社の清算目的で特別清算手続を行う場合、一般的には、子会社の債務のうち親会社に対するもの以外は全て親会社の資金で弁済し、子会社の財産は空（又は不良資産のみ）にしたうえで、親会社に対する債務については、協定や個別和解により親会社が債権放棄・債務免除を行うという方法がとられます。

　このような場合に破産手続ではなく特別清算手続が利用されるのは、特別清算手続を利用した場合、破産管財人に相当する者が選任されず、親会社のイニシアティブで柔軟に手続を進めることができるからだとされています。

　しかし、特別清算手続に馴染みのない弁護士も多いと思われますので（司法統計によると平成28年の既済事件数は破産が71,316件なのに対して、特別清算は305件にすぎません）、子会社の清算目的の場合でも、馴染みのない特別清算手続ではなく破産手続を利用しようと考えることもあるかもしれません。そこで、子会社の清算目的で破産手続を利用した場合、どのような問題が生じるのか、具体的に考えてみましょう。

　破産手続と特別清算手続の基本的な違いは、上記のとおり、破産管財人という第三者が登場することです。破産管財人は第三者的な立場で破産会社の資産調査や債権調査を行いますし、否認権行使の権限も有します。その結果、親会社の子会社に対する債権を無税償却するという当初

の目的を達成できないこともあります。具体的には、以下のような流れになってしまうことが想定されます。

① 破産会社である子会社には、配当手続にならない程度の財産しか残していないつもりだったが、子会社の親会社以外の債権者への弁済について破産管財人が偏頗行為否認を行った結果、配当手続になる程度の破産財団が形成されてしまう。

② 子会社の債務について、親会社に対する債務以外全て弁済したつもりだったが見落としがあり、破産管財人の調査で弁済していない債務が見つかってしまう。

③ その結果、債権調査も厳格に行われることになってしまう。

④ 親会社の子会社に対する債権について、決算書等には計上されているものの、親子会社間の取引でなあなあで処理されていることもあり、取引があったことを疎明する資料が不十分であったため、債権調査期日に破産管財人から異議が出される。

⑤ 親会社の子会社への債権を立証するのに十分な資料がないことから、破産債権査定の申立て、破産債権査定異議の訴えを経ても結局親会社の子会社に対する債権が認められないことになってしまう。

⑥ 親会社の子会社に対する債権が、破産手続において債権として認められなかった以上、償却もできなくなってしまい、債権を無税償却するという当初の目的自体が果たせなくなる。

　このように破産手続では破産管財人という第三者が登場し、その動きをコントロールできないので、想定外の方向に話が進み、当初の目的を達成できないこともあり得ます。

　親会社が子会社の債務を負担し、子会社に対する債権を免除することを特に問題にしないケースであれば、特別清算手続を利用する方が不測の事態が生じても親会社側のイニシアティブで柔軟に処理することが可能なので安全でしょう。

　このように、破産手続と特別清算手続の使い分けには留意する必要があります。

Method 03 受任後申立てまでにあたって

▶ 申立ては速やかに！

――受任事件に速やかに業務対応するのは当然のことではあるが、こと破産事件に関しては、時間の経過がさまざまな弊害を生むことが多い。速やかな申立てが肝要である。

破産事件の特殊性

　破産者（特に個人）の場合、弁護士から債権者に対し受任通知が送付され、債権者からの矢のような催促が止まり、月々の返済をせずに済むようになると、誤解を恐れずに言えば、破産者としては、弁護士に依頼した目的の大部分は達成されたようなものです。

　もちろん、破産申立をして免責決定が出なければ、法的に解決したことにはならないのですが、破産者の感覚としてはこれが実際のところです。

　このように破産者がすでに実益を得ているため、破産事件は、他の事件と異なり、依頼者たる破産者が事件進行や資料収集に受動的であることが多く、そのため緊急性の高い事件の進行を優先してしまい、破産申立は後手になりがちな傾向があります。

破産者の心構えの変化

　受任通知後、破産申立までの時間が長引くと、破産者も委任した際の緊張感が和らいでしまい、受任時に弁護士から言われた注意点を失念するなど、心構えにも変化がみられることが往々にしてあります。

　散見されるのは、介入通知後に金銭的な余裕ができたことから、親族や友人にのみ借金を返済してしまった、小口の金銭の貸し借りをしてしまったといった偏頗弁済の事案です。

　このようなことが起きると、当初、同時廃止見込みであった事件が、管財事件見込みとなってしまい、手続も複雑になるほか、破産者本人にとっては別途予納金を収める必要が生じ、金銭的負担が増大するので注意が必要です。

破産者を取り巻く環境の変化

　また時間経過とともに、破産者を取り巻く環境に変化が生じ、取り返しのつかない事態となることがあります。

　例えば、労災保険の適用事業で1年以上事業を行った法人の破産事件で、破産手続開始申立日から6か月前の日から2年以内に退職をした労働者に賃金の未払いがある場合、独立行政法人労働者健康安全機構の未払賃金立替払制度が利用でき、労働債権の8割が立替払いされます（その他一定の要件があります）。

　しかし、破産申立が事業停止（解雇）後、半年以上遅れると、当該制度が利用できず、優先債権に配当するだけの破産財団がない場合、労働者が賃金を受け取れず生活に多大な影響を及ぼすことになります。

　また、個人の破産者で、介入通知後、一生懸命稼働したところ、基本給が上がり、その結果退職金額相当額の8分の1が20万円を超えてしまい同時廃止見込みの事件が管財事件となってしまった、年払いの生命保険料の支払時期を跨いだところ解約返戻金額が20万円を超えてしま

い管財事件となってしまった、遠縁の相続が発生し、未分割遺産額が多額で管財事件となってしまったという例もあります。

まとめ

　特に高度な緊急性を要する破産事件でなければ、個人破産の場合、受任通知を送付してから2～3か月程度で申立てをするのが一般的であるといわれています。
　通常の訴訟事件は、時効にさえ気をつければ、時間の経過が特に大きな障害となることは少ないですが、破産事件は事件の進行そのものに大きく影響するので、受任後速やかな申立てが肝要であるといえるでしょう。

体験談1

海外に債権がある場合の申立て

弁護士4年目　女性

破産会社に未回収債権がある場合の申立代理人の対応

　法人破産の申立代理業務を受任した場合、当該法人の決算書に多額の未回収債権が残っているケースは多いでしょう。このような場合、申立代理人は申立準備の段階で各未回収債権ごとに「回収可能性」を可能な限り正確に調査・判断したうえ、その結果を破産管財人に引き継ぐ必要があります。

各未回収債権の回収可能性を判断するためには、申立人の代表者や経理担当者からの聞き取りや書類の確認等によって、当該債権の発生時の事情（法的根拠・契約書類の有無等）や債権発生後の相手方の言い分（売掛先の支払意思や資力等）等を調査することになります。
　状況次第では、破産申立前に申立代理人から債務者に対して催促（又は破産申立する旨の通知）をしておくのが望ましい場合もあり、このあたりは個別の事情に従って判断していくことになります。

海外に債権がある場合のハードル

　上記のとおり、破産者に未回収債権がある場合に申立代理人が準備すべきことは少なくありませんが、当該債権の債務者が日本国内ではなく海外に拠点を有する者の場合には、より注意が必要です。海外の第三者に対する債権（以下「海外への債権」といいます）の場合、国内の債権一般に共通する問題に加えて、言語の壁、準拠法、管轄、執行可能性の問題など、国際取引特有の問題が出てくるからです。
　そして、なかでも一番の壁になるのは言語の問題でしょう。海外への債権は、多くの場合、契約書等の書類が日本語以外の言語で作成されていますので、それらの書面の記載内容を解読すること自体に高いハードルがあることになります。

破産管財人に関する希望

　海外への債権がある破産者の申立ての場合、本来であれば、申立代理人において必要な書類（契約書、請求書、交渉の際の書面等）を日本語に翻訳をしたうえで裁判所及び破産管財人に提出する必要があります。しかし、東京地方裁判所の場合、申立ての際に「今回の事件では海外への債権があるため、○○語に対応できる破産管財人をお願いします」と

伝えると可能な限り対応してくれる運用ですので、これを利用しない手はありません（他の地方裁判所の運用については、申立て前の準備段階で裁判所に確認するのがよいでしょう）。

　以前、中国の取引先に対して多数の債権を保有したまま破産した法人に関する破産申立をした際、裁判官に希望を伝えて中国語に堪能な破産管財人を選任してもらったことがありました。本来であれば、申立代理人において各債権ごとに契約書・請求書や過去の債務者からのメール等について翻訳を作成し提出しなければならないはずが、全て原本を中国語のまま破産管財人に提出することで対応でき、スムーズに引き継ぐことができました。

　また、引継ぎ後に破産管財人から中国の債務者に対して通知書を送付する際、破産管財人が自ら書面を作成し送付・交渉できたことから、回収可能性の判断を迅速かつ適切に判断してもらうことができました（上記事案では、中国の債務者が支払いを拒絶しており回収可能性がほぼゼロの事案でしたが、中国に留学経験があり中国の取引慣習等にも理解の深い破産管財人が債務者と直接交渉してくれたおかげで、回収可能性がないことを迅速に判断してもらうことができました。翻訳を通じた交渉の場合、翻訳のための時間が必要となるだけでなくニュアンスの理解や文化の違い等の問題も発生するため、もっと時間がかかってしまったと思われます）。

　このように、海外への債権がある事案では、即日面接の際に当該言語に対応できる破産管財人を付けてもらうよう裁判所に依頼するのが鉄則です。そうすることで、申立代理人や申立人の負担を減らせるだけでなく、破産管財人に選任される弁護士にとっても無駄な負担が減りますし、何よりも、事件の迅速処理という破産事件の理念に適合した処理が可能となるからです。

> 体験談2

簡易配当後の未払税金の発覚

弁護士7年目　女性

破産手続終了、免責確定後の出来事

　私が申立代理人として、自己破産を申立て、簡易配当が実施された事案です。

　無事に免責許可決定も確定して、2、3か月経過した後のことでした。

　依頼者から、都税事務所から、「不動産の固定資産税、都市計画税の督促通知が来ています」「どうしたらよいでしょうか」との連絡が入りました。

　確認してみると、依頼者の元夫（依頼者は、3年前に離婚していました）との間で、共有で所有していた土地建物の固定資産税・都市計画税の納税通知書であり、滞納額は25万円程度でした。この不動産は、3年ほど前に売却済みでしたが、3年以上前の税金が未払いとなっていたのです。

　都税事務所は、筆頭共有者である元夫に対して、納税の告知を行い続けていたものの、全く連絡がつかず、これまで何ら告知を行ってこなかった依頼者に対し、初めて告知を行ってきたのです。

　依頼者自身もこのような税金の滞納があることを全く認識していない状況でしたし、申立代理人である私も、破産管財人弁護士も全く把握できないものでした。

税金は免責の対象外

　固定資産税・都市計画税は、「租税等の請求権」として、免責の対象とはなりません（破産法253条1項1号）。免責決定が確定したとしても支払義務が生じます。もともと、異時廃止のような事案であれば、破産手続終了後に発覚したとしても、支払義務があることに変わりはないため、さほど問題にはならなかったでしょう。
　しかし、この件では、幸か不幸か、相当の破産財団の形成があり、一般破産債権に対しても、35万円程度の配当（簡易配当）が行われました。
　もし、申立て前、又は、破産手続中に未払税金の存在を把握できていれば、優先的破産債権として（破産法98条1項、地方税法14条）、破産財団から支払うことのできる金額の税金でした。

都税事務所への対応

　免責許可が確定して、公租公課の未払いもなく、借金のない生活のスタートに意気込みを見せていた依頼者にとって寝耳に水の出来事で、代理人であった私としても、何とかよい方法はないものか、破産管財人にも相談のうえ、対応を考えました。
　すでに、①破産手続が終了していること、②配当実施の前に納税通知を受けていれば支払いができたこと、③現在支払能力がないことを説明し、都税事務所には、請求を控えてもらうように打診しましたが、やはり、支払義務を否定するだけの法的根拠を構成できるわけではありませんでした。
　支払義務が存在することを前提に、支払猶予等の交渉をせざるを得ない状況となった矢先、元夫の親族を通して、元夫に状況を知らせることができ、元夫が都税事務所に連絡することになりました。最終的には、元夫が支払いをする方向で決着となりました。

債権調査は念入りに！

　本件の事情では、破産申立前に、もっと丁寧に調査をしておけば、税金の存在を認識できたかといえば、そうは思いません。思いもよらない税金で、滞納の存在を把握することは、事実上、不可能であったと思います。

　ただし、破産を扱う弁護士の教訓としては、あらゆる可能性を考慮に入れて、破産申立の前には、念には念を入れ、債権調査を行わなくてはならないと感じる事件でした。

ワンポイントアドバイス

金融機関に破産予定を悟られない

　個人の破産の場合、受任したら早速各貸金業者に受任通知（介入通知）を発送すると思います。これは、個人の場合、弁護士から受任通知を送ることで貸金業者からの取立てが止まり（貸金業法21条1項9号）、生活が早く立て直せるからです。また、古くからの借入れがある場合等、取引履歴を入手して引き直し計算をし、過払い金の返還請求をする必要もあるでしょう。

　しかし、銀行に受任通知を送ると、あっという間に口座をロックされ、期限の利益を喪失したといって口座の残高を借入れと相殺されてしまいます。個人の場合、現金として持っておけば、破産申立をしても99万円までは自由財産として経済的再生の資金にできたはずです。また営業中の法人の場合、運転資金が突然枯渇してしまう等、影響は甚大ですし、何より破産開始決定後に破産財団を形成するはずだった資金が銀行に独り占めされてしまいます。他の債権者の配当への期待や、破産管財人の事務費用などがあっさりと失われるのです。銀行に受任通知を送るとき

は、法人個人問わず事前に必ず、預金を申立代理人の責任において預かるか、少なくとも借入れのない別口座等に移しておくべきです。

公租公課庁に破産予定を悟られない

　さらに気をつけるべきは、公租公課庁です。法人個人問わず間違っても受任通知を送ってはいけません。銀行よりもさらにあっという間に滞納処分を課され、預金、売掛債権等を差し押えされる可能性があります。特に国税（所得税、消費税等）は強硬です。預金や債権ではなく不動産を差し押えられたとしても、後から破産管財人が売却する際、抵当権者の他にさらに交渉先が加わることになり、手間が増えます。公租公課庁については、破産の申立て時に債権者一覧に記載しておけば十分です。
　破産開始決定の後は、破産財団に属する財産に対する国税滞納処分はできなくなる一方（破産法43条1項）、すでにされている国税滞納処分は続行を妨げられませんから（同法43条2項）、税務署としては、破産申立の前にいかに滞納を回収するかを重視していると考えられます。
　このことからすれば、弁護士としては、いかに税務署等の公租公課庁に悟られずに破産開始決定に至るかが、重要ということになります。
　受任通知が原因で滞納処分を受けたというわけではなくとも、破産申立前に、個人事業主が、唯一の売掛先に対する債権を、将来分まですでに税務署に差し押さえられる場合も考えられます。この場合、破産開始決定を得ても差押えを止めることはできず、破産者は一所懸命に働けども、売掛金を全て税務署に支払われてしまうことになってしまいます。破産の申立て費用も作れなくなってしまうこともあります。いかに税務署等の公租公課庁に悟られずに破産開始決定に至るかは、重要といえます。

Method 04 | 申立書作成・予納金準備

▶ 郷に入っては郷に従え！

――通常訴訟で、裁判所によって裁判所書式が異なったり、進行が異なることはほとんどない。しかしながら、こと破産事件に関しては裁判所ごとに全く実情が異なるので注意が必要である。

破産事件は、裁判所の数だけ書式や運用が異なる?!

　地元外の裁判所において通常訴訟を提起したら、書式違いを指摘されていつも使っている訴状の形式を訂正させられた……ということは通常あり得ません。地元の裁判所の訴訟提起と異なるところといえば、せいぜい予納郵券の額や種類ぐらいでしょうか。

　しかしながら、破産事件は裁判所ごとに書式や手続の流れが全く異なります。同じ地方裁判所管轄内の支部ごとでも同様です。

　また管財事件と同時廃止事件の振分基準や、予納金の額や添付すべき疎明資料、自由財産の範囲の拡張基準等も異なります。

　したがって、未知の裁判所を管轄とする相談者から、破産申立事件の依頼を受けた場合は、地元裁判所の例は参考程度とし、管轄裁判所に問い合わせをして確認をするべきです。また管轄裁判所に知人の弁護士がいる場合は、事前に情報入手をしておくことも有用です。

　なお蛇足ですが、保全事件や後見事件についても、裁判所ごとに運用

が異なることが往々にしてありますので、破産事件同様、事前確認は必須といえます。

書式の入手方法

　管轄の裁判所に問い合わせをして、入手方法の確認をします。
　最近は、各裁判所が個別にウェブサイトに掲載していることもありますし、裁判所から提供を受けたひな形をもとに、管轄裁判所内の弁護士会のウェブサイトで公開されていることもあります。
　ただし、当該裁判所の管轄にある弁護士会内の会員サイトでしか公開されていない場合もあります。
　その場合、事前に当該裁判所に依頼をすれば、FAXでひな形を送付してもらえることもあります。
　疎明資料についても、申立検討段階で書式等で確認しておきます。例えば、個人破産における家計全体の状況については、裁判所ごとに記載する内容が異なり、全ての支出について領収証等の裏付けの提出が必要な裁判所もあります。申立段階になってから、疎明資料不足に気づき、破産者本人に資料収集を依頼することのないよう、事前確認をしておきましょう。

手続の流れの違い

　例えば、東京地方裁判所の個人破産申立の場合、破産申立てをした日から３営業日以内に申立代理人弁護士と裁判官との即日面接を行い、同時廃止か管財かの振り分けを行います。即日面接の翌週の水曜日午後５時に破産開始決定がなされ、その後、同時廃止の場合は、別途免責審尋期日（２か月程度先の火曜日）が指定され、原則、破産者本人は当該免責審尋期日のみ裁判所に出頭することになります。

大阪地方裁判所の個人破産申立ての場合、申立日に全ての書類が整っていれば同日開始決定が発令されます。免責不許可事由が存在しない場合は、免責審尋期日が指定されず、破産者本人が一度も出頭しないということもあります。
　このように裁判所によって、手続の流れにも違いがありますので、注意が必要です。
　また、裁判官が常駐していない地方の裁判所支部の場合、破産申立後、担当裁判官が常駐する裁判所へ申立書類を回付して確認を行うことがあり、破産開始決定が他庁に比べて遅いことがあるので、特に開始決定を急ぐ事件の場合は、どの裁判所で申立てをするかも含め、事前に裁判所と協議が必要となることがあります。

体験談1

裁判所ごとに書式は異なる

弁護士7年目　女性

急ぎの破産申立の依頼

　東京都の隣県で卸売業を営む会社から、10日後に不渡りが出るため、急いで会社と会社代表者の破産申立をしたいとの依頼がありました。
　通常、法人破産の債権者の大部分を占める銀行等の金融機関の住所地は東京であることが多いです。そのため、多数の債権者の所在地が東京であることを管轄の理由にして、いつも利用していて勝手がわかる東京地方裁判所で申し立てることを前提に、緊急対応で準備を行いました。
　ところが、後から会社から送付されてきた債権者一覧を確認すると、長年地元の老舗卸業者として活躍してきたということもあり、大口の借

入先・買掛先は全てが地元金融機関や地元業者で、住所地は全て当該会社がある東京都の隣県であることがわかりました。また、会社代表者の住所地も隣県内です。

そこでやむを得ず、東京地方裁判所で申し立てることを断念し、急遽、普段利用したことのない隣県の裁判所で申立てを行うことにしました。

運用の違いで、緊急度が増すことに

不渡りまで時間がなく、また破産会社が倒産危機状態であることはすでに薄々債権者に知られており、租税公課の未納もあったことから、トラブルを回避するために、破産申立当日の破産開始決定は必須であると思われました。

このようなとき、東京地方裁判所であれば、よほどの大規模事件でない限り、申立て後の即日面接で、当日決定を希望する旨を伝えれば、当日に決定が出ます。

しかし、隣県の裁判所で破産申立をしたことがなかったため、裁判所に問い合わせを行い、事前に当日発令可能か確認したところ、そもそも営業中の法人破産の件数が極端に少なく、裁判所の事前準備と破産管財人の手配に時間がかかるため、基本的には即日決定は対応していない、どうしても即日決定を希望するのであれば、3営業日前に申立書類案を裁判所に事実上提出するようにとの指示でした。

ただでさえ、時間のない中で申立準備作業をしていたので、この裁判所の指示に焦ったことは言うまでもありません。

書式の違いで二度手間に

何とか申立書類を作成して、無事、申立当日に破産開始決定が出て一安心……と思いきや、その直後に破産管財人から連絡があり、申立書類

の書式が異なるため、全ての書式を当該裁判所の書式にして提出し直してほしい、家計の領収書類等も追加で提出してほしいとの指示がありました。

本件は、もともと東京地方裁判所で申し立てる方針で準備を進めていたため、書式は全て東京地方裁判所のもので作成をして申立てをしていたのです。

結局、申立書類を作成し直す羽目になり、二度手間になってしまいました。

早期の管轄確認と管轄裁判所における手続の流れの確認、書式の入手は、重要であることを痛感しました。

体験談2

裁判所ごとに違う予納金額に要注意

弁護士6年目　男性

破産申立ての相談を受けたとき

「先生、会社の事業がうまくいっておらず、このまま続けていても資金繰りが続かなくなることが目に見えているので破産を検討しています。破産申立をする場合、どのぐらいの費用を準備すればよいでしょうか？」

破産申立代理業務に対応している弁護士であれば、このような相談を受けることはよくあると思います。

このような相談を受けたとき、弁護士としては、①破産申立のための書類収集や官報公告のための諸費用、②破産申立代理業務のための弁護士報酬、③破産管財人に収める予納金、の大きく3種類の費用について

必要な金額を見積り、依頼者に対して準備すべき金額を説明する必要があります。

破産申立の各費用

　上記のうち「①破産申立のための書類収集や官報公告のための諸費用」としては、官報公告費用のほかに登記事項証明書取得費用や銀行口座明細取得費用等が考えられます。これらの費用は特殊な事件でない限り全てあわせても数万円程度で収まることが多いため、当初の目算と大きな金額の齟齬が生じることはないでしょう。

　また、上記「②破産申立代理業務のための弁護士報酬」についても、相談に対応する弁護士が自身で決められる性質のものですので、後になって金額が当初と大きく変わり、揉めるといったことは通常はないと思われます（弁護士報酬は、事前に当該案件がどの程度の業務量になるかを見立てたうえで合理的に妥当と考えられる報酬を決定することになります。通常は、一般的な報酬相場を基準としつつ案件の内容・特殊性に応じて調整する形で決めることが多いでしょう）。

　要注意なのは「③破産管財人に収める予納金」です。東京地方裁判所以外の裁判所に申立てをする場合、予納金の金額で落とし穴にはまる可能性があるので留意が必要です。

東京地方裁判所と
それ以外の地方裁判所における予納金の違い

　東京地方裁判所に申立てをする場合、少額管財事件であれば予納金は一律に20万円とされる運用になっているため、特殊な事件でない限りは予納金として同金額を予定しておけば問題ありません。

　しかし、東京地方裁判所以外の場合、それぞれの裁判所で別の運用に

なっていますので注意が必要です。東京地方裁判所ならば当然予納金20万円で処理されるような事案でも、他の地方裁判所ではその数倍の金額が必要とされる事案は珍しくないのです。

事前確認のすすめと注意点

そこで、東京地方裁判所以外の地方裁判所に申立てをする場合には、事前に管轄裁判所に連絡し、事案の概要を伝えたうえで予納金がどの程度必要になるか確認することをおすすめします。申立ての準備段階で破産部の書記官に金額を問い合わせすると、「最終的には申立書を見たうえで裁判官が判断するためお約束はできませんが……」という留保を付けたうえで金額の目安を教えてくれることが多いです。

ただし、ここで安心してはいけません。実際には書記官が言っていた目安と裁判官の判断が異なることもあるからです。各裁判所の裁判官は、実際に提出された申立書を検討し、破産管財人の業務量や処理期間の見込み等を見極めたうえで予納金額を決めることになりますが、裁判官の判断次第では、書記官の見立ての倍近い金額が必要となるケースもあるのです。実際に、当初書記官から「予納金は100万円程度では？」と言われて準備していたものの申立て後に裁判官から200万円と言われたケースもありました（破産管財人の業務に訴訟が含まれるような場合は特に注意が必要です）。

裁判所との予納金交渉

なお、予納金について柔軟な運用をとっている裁判所もあり、弁護士から上申書を提出することによって金額を下げることができるケースもあります。

具体的には、換価が容易な財産の存在について説明することにより予

納金が下がることもありますので、申立代理人弁護士の立場としては、裁判所から高額な予納金額を提示された場合でもすぐには諦めずに上申書を提出して裁判所と交渉してみるのも一つの手かもしれません。

ワンポイントアドバイス

家計全体の状況

　個人の破産事件では必ず作成されている「家計全体の状況」、すなわち1か月ごとの家計の収支表ですが、この家計全体の状況は、破産者の生活や経済状況、さらには性格まで知ることができる重要な資料です。簡単に目を通すだけで終わらせてしまうのではなく、内容についてしっかり把握・検討しましょう。

　家計全体の状況は、破産者から聞き取りをしたり資料の提出を受けたりして、申立代理人が作成することが多いと思われます。このように作成された家計全体の状況は、ほとんどの場合、破産者の家計の収支をきちんと正確に記載して作成されています。しかし、稀に破産者からの聞き取りが十分でないと思われるものや、収支表としての帳尻をあわせるため、実態とは異なった記載がなされてしまっていることもあります。このような不正確な家計全体の状況を前提としていては、破産者の生活を適切に把握することはできません。それどころか、財産隠しや偏頗弁済など、あってはならない行為を見過ごしてしまうおそれもあります。

　このようなことを防ぐため、破産管財人としては、家計全体の状況の記載を鵜呑みにするのではなく、他の資料と比較しながら検討し、場合によっては直接資料の提出を受けて自ら計算するなど、しっかりと内容を精査することが必要です。その結果、本来ならもっとあるはずの現金がない（もっと現金を持っているか、どこかに支出しているはずだ）といったことに気づくこともあります。逆に、このようなことを見逃して

しまうのであれば、家計全体の状況が破産申立て時の添付資料とされている意味がありません。

　このようなことは、いわばあたり前のことであり、このワンポイントアドバイスをご覧になっている方も、「そんなことは言われなくてもわかっている」と思われるかもしれません。しかし、このような当たり前のことの積み重ねが、ミスを防ぐ唯一の手段です。日々当たり前のこととして行っている業務こそ、手を抜かずにきちんと行っていきたいものです。

Method 05 | 法人破産の申立て

▶ 個人破産との違いに注意

――法人破産、特にまだ営業中の「生きた」法人の破産を申し立てる場合、個人破産と同様に考えて準備を進めると、思わぬ落とし穴がある。

事前に債権者に知られてはいけない

　法人の破産申立の場合、個人破産とは大きな違いがあります。それは「破産することを事前に債権者に知られてはいけない」ということです。

　個人破産の場合、申立てを受任したら早速借入先に受任通知を送ります。個人の場合、弁護士から受任通知を送ることで貸金業者からの取立てが止まり（貸金業法21条1項9号）、早く生活が立て直せるからです。また、古くから借りている場合等、取引履歴を送ってもらい、利息の引き直し計算をする必要もあります。その後、債権者とは連絡をとり合い、照会に応じて破産の申立て時期を伝えたりということになるのが一般的でしょう。

　しかし、法人破産、特に営業中の法人の場合、利害関係人が多く、気軽に受任通知を送ると各債権者からの問い合わせや訪問が殺到して、大混乱となるおそれがあります。場合によっては、債権者による強引な取立てや、債権者が当該法人の在庫商品を勝手に持ち出す（自力救済）などということも起こりかねません。

営業中の法人の破産申立では、保秘を大原則とし、可能な限り混乱なく、債権者平等を図り、そして財産の散逸を防止することが重要です。

要検討事項

その他、法人（営業中）の場合、次のような点を検討する必要があります。いずれも、利害関係人への影響を可能な限り抑え、混乱を防止し、財産の散逸を防ぐという観点から非常に重要です。

(1) 事業をどうするか

一般的には、いつどのように事業をやめるのが最も混乱が少なくて済むかということです。また、事業を停止するギリギリまで従前どおりの仕入れを続けていると、この仕入れ分については結局破産債権として支払いを行わないことになりますので、後になって詐欺行為だと指摘されるおそれもあります。

なお、場合によっては、破産開始後も事業を継続するか、さらには事業を継続しつつ第三者に事業ごと譲渡できる可能性があるかの検討も必要になります。

(2) 従業員をどうするか。（即時解雇するか、解雇通知にとどめるか）

(1) とも関係しますが事業を継続しないとしても、残務整理のため、一部の従業員に残ってもらう必要がある場合があります。特に経理担当者など、破産管財人の補助をしてもらうことも多いです。この場合、一定の報酬を支払うことになるでしょう。一方で、代表者や役員に管財業務を補助してもらっても、報酬を支払うことはあまりありません。

(3) 申立てのタイミングと資金移動

法人の場合、メインバンクから多額の借入れがあり、一方で大口の売掛金等はメインバンクの口座に入金されることが多いです。このような金融機関に破産申立予定であることを知られると、あっという間に口座をロックされ、期限の利益を喪失したといって借入れと相殺されてしまいます。そこで、申立ての直前に（早すぎると金融機関に怪しまれるの

で）、口座残高を申立代理人が預かるか、少なくとも借入れのない金融機関の口座に資金を逃がす必要があります。

　一方、破産の申立てを行ったら、今度は直ちに、金融機関にFAXなどで通知すべきです。これは、破産申立の事実について金融機関を悪意にし、その後の口座への入金分を相殺禁止にするためです（破産法71条1項4号）。

財産の散逸防止について

　財産の散逸防止、ひいては破産開始決定後の破産財団増殖の必要性といわれても、不動産や在庫商品等の換価すべき財産があって確実に破産管財人に引き継ぎ高価で売却すべき、というのならまだしも、預金については、金融機関との取引に関する約定もあることから、保全の必要性相当性がピンとこないかもしれません。

　法人の破産の場合、破産管財人は、事務所の退去（及び原状回復）、什器備品や在庫の処分（及びそれまでの保管）、自動車や不動産の換価（場合によっては建物の解体を含む）等さまざまな換価回収行為を行う必要があり、そのための各種費用も必要となります。東京地方裁判所民事第20部では、自己破産の場合引継予納金は20万円以上と定められてはいますが、法人の破産の場合、20万円では管財事務費用にも足りないことも多くあります。

　また、当然ですが、各債権者は配当の最大化を望んでおり、そのためには破産財団を増殖する必要があります。このことは法人個人とも変わりません。

> 体験談1

営業中の法人の申立て

弁護士 11 年目　女性

代表者が耐え切れず……

　営業中の法人について破産申立の準備中、代表者が銀行の担当者に「今、弁護士と相談している」と話してしまい、あわや大騒ぎになりそうだったことがあります。

　預金を移すといっても、最近はインターネットバンキング等が普及しており、普通預金であれば、わざわざ窓口で預金を下ろすといった手続は不要なことがほとんどだと思います。しかし、突然口座から大きな金額が動いた場合、金融機関の担当者から、代表者や経理担当者に事情を尋ねる（探りを入れる）電話がかかってきます。電話に出ないでいると、会社まで訪ねて来ることもあります。このような場面で、代表者にもいろいろなキャラクターの人がいますので、正直な人、ごまかすことが得意でない人は、どうしても苦しくなってしまうようです。

何とか無事申立て

　ただ、この事案ではすでに大口の預金は移した後でしたし、申立ての準備もかなり進んでいました。公租公課の滞納もなく、直前に支払った給与からの源泉徴収等を天引きした分が、少し残っている程度でした。そのような事情もあって、代表者にはその後数日間頑張って、とぼけていただき、大ごとにはならずに済みました。2、3日ほど予定を繰り上げたように記憶していますが、結局無事申立てを行うことができました。

従業員の協力もあった

　そして、申立て前日の夕方に相代理人が会社に出向き、従業員に破産申立の説明をし、解雇通知をしました。それまで給与の遅れもなかったことから、従業員の方々としては寝耳に水だったと思います。それでも、皆さん淡々と説明を聞き、顧客に迷惑がかからないようにと、その後かなりの人数が破産管財人の求めに応じて補助者として残ってくれたそうです。

　そして、一部の元従業員がその後新たに会社を設立し、顧客の一部を引き継いでくれたことで、さらに混乱が少なくて済みました。

大ごとにはならずに済んだが

　この会社は、急激な成長の一方で必要な技術を持った従業員が足りておらず、そのため納期が守れなかったり、納品後もトラブルが発生するなど顧客からクレームが入って、従前から代表者は対応に追われていました。われわれ代理人も数か月前からそのようなクレーム対応の相談を受けていたのです。

　破産との関係では結果オーライではありましたが、代表者の真面目な性格や、とにかく早期に破産を申し立ててくれ（無責任にも聞こえますが、今思うと精神的に限界だったのかもしれません）という強いご希望に鑑み、申立代理人としては、破産申立まで債権者との矢面に立たされてしまう代表者へのフォローが、もっと必要だったのかもしれないと思っています。

> 体験談2

申立て前に裁判所に
事前相談をした方がよいこともある

弁護士8年目　女性

事前相談は裁判所に断られる?

　法人破産の申立て前に、裁判所に事前相談の連絡を入れると、「基本的に当裁判所では事前相談を受けていませんので」と言われて断られるケースがあります。東京地方裁判所でも、基本的には事前相談は受けていないようです。そのため、「断られるくらいなら最初から事前相談はしない!」という方も多いようですが、事前相談が必要となる理由を述べ、申立書のアウトラインを準備すれば、事前相談を受けていただけるケースもありますし、事前相談をした方がよいケースもあります。

申立代理人の役割について

　申立代理人の役割は、債務者の破産申立てを代理するにとどまらず、資産を保全して債権者平等を期するための破産手続を破産管財人、そして裁判所と協働して展開するという役割もあると考えます。そのように考えると、申立てを行い、破産手続開始決定が発令されれば後は破産管財人に引き継ぐだけと考えるのではなく、開始決定発令後に破産管財人が動きやすいよう環境や体制を整えておくという見地からも申立人は考えるべきではないでしょうか。特に、法人破産で特定管財になるような大きな案件では、申立人が果たすべき役割の比重は大きいと考えます。

事前相談することが考えられるケース

　私が東京地方裁判所に事前相談をしたケースには、次のようなものがあります。商品を取引先に預託して消費者に販売している法人で、預託先数がかなり多く、返還業務に相当程度の時間を要することが見込まれたケース、外国法人の取引先が多く、英語を駆使して外国法人に対する説明や交渉が必要となることが見込まれたケース、全国の商業ビル内に店舗展開をしている法人で、在庫商品の保全にあたって破産管財人との役割分担やスケジューリングが重要となることが見込まれたケース、破産開始決定後、できる限り早いタイミングでの事業譲渡をすることで交渉が進んでおり、この点で破産管財人候補者との早期協議が必要と考えられたケースなどです。

　概要資料や申立書のドラフトなどを示したうえで裁判所と事前協議をし、破産管財人候補者を裁判所から前もって紹介いただき、申立て前から破産管財人候補者の弁護士に連絡をとって発令直後の対応を検討するなどしました。

　事前相談が必要となるケースは多いわけではないと思いますが、資産の迅速かつ確実な保全を期するため、破産管財人候補者や裁判所との打合せが必要となりそうなケースでは事前相談することも検討するべきでしょう。

ワンポイントアドバイス

慣れない方は是非経験者と共同受任を

　破産の申立てには、個人を対象とする場合や法人を対象とする場合がありますが、個人破産の相談を受けることが多いと思います。また、一口に法人破産の申立てといっても、法人成りしたばかりでほとんど個人

事業と変わらないケースや、すでに営業を停止した休眠状態の法人について債権者の強い意向で破産を申し立てるといったケースも多くあります（債務者が破産等法的整理をしなければ、債権を損金処理できないため）。

　営業中の、現に「生きている」法人の破産申立を行う場合、その受任段階から、取引先との対応、従業員との対応、その他個人の場合と異なる対応が必要となり、それを迅速に行わなければなりません。個人破産と同じだと思って申立ての準備を行っていると、思わぬ失敗や申立て後に破産管財人に大迷惑をかけてしまうこともあります。

　生きている法人で、かつ、ある程度の規模の場合の申立てにあたっては、それなりに経験を積んだ人と共同受任することも視野に入れるとよいでしょう。申立てには、意外と人手もかかりますので（申立て直後の財産保全等）、その意味でも、必ずしも経験の多くない方が一人で申立てるのは避けた方が賢明と思われます。

□ 従業員への対応

従業員への説明は丁寧に！

従業員にとっては、自分の勤めている会社が破産するというのは、まさに青天の霹靂というほかありません。

申立代理人は、申立てに先立って従業員に対する説明会を開き、未払賃金立替払制度の資料を人数分用意のうえ配布し、手続の概要を説明したり、今後の手続の進み方について丁寧に説明をすることが求められるところです。

この際、総務や人事・経理担当のキーパーソンにはあらかじめ破産の申立てを行うことなどについて個別に説明をし、協力を求めておくと、離職票や源泉徴収票の作成、健康保険関係の処理といった離職手続等がスムーズに進むことが多いと思います。もちろん、キーパーソンに個別説明を行うことにより情報が漏れ、動揺が広がる事態は避けなければならないので、タイミングや人となり等を見極めながら判断することになるでしょう。

従業員に残ってもらうか解雇か？

法人破産の場合、人件費の支出を抑制するために従業員全員を即時解雇とすることも多いといえます。

もっとも、申立代理人の判断のみで即日解雇としてしまうと、残務整理や資料の収集等が困難となることがあります。例えば、委託先に商品販売を委託するため在庫商品を置いてあるようなケースでは、委託先から在庫商品を引きあげる残務量が多くなることもあります。また、事業継続許可（破産法36条）を受けて事業の全部又は一部を継続することができるような場合や、当該事業を破産後事業譲渡することも可能なケースもあるでしょう。

Column　従業員への対応

　こうした場合には、一度解雇により従業員が離散してしまうと、破産管財人としては打ち手が限定されてしまうことになりかねず、ひいては破産財団形成の支障となる可能性もないわけではありません。人件費のみに着目して全員を即日解雇とすることは、必ずしも良策とはいえないケースも多くあります。

　申立人が判断に迷った場合には、裁判所及び破産管財人候補者との間で、資金繰り状況、法人の事業に関する継続性や譲渡可能性などの見込み、残務整理や資料整理等に必要となることが予想される業務量等を報告して相談することも考えられます。残務整理量等が多いとはいえず、資金繰り状況も思わしくなく、しかも事業の継続性や譲渡可能性がないといったケースでは、申立代理人の判断で解雇ということも考えられるでしょうが、そうでないケースの場合には、申立代理人が独自に判断するのではなく、破産管財人候補者の意見をいれることも考えられるところです。場合によっては、解雇予告を併用することで対応することも考えられます。

　なお、全員解雇する場合であっても、開始決定発令後に破産管財人が補助として若干名に業務を依頼する場合も多くあります。そうした場合に備えて、申立代理人としては、キーパーソンとなりそうな従業員に対しては破産管財人からの補助要請の可能性がある点や、要請があった場合にはできる限りの協力を依頼しておくといったいわば「地均し」をして、破産管財人の業務が円滑に進むよう側面支援するといった意識を持つと、手続全体が円滑に進むことになると思われます。

Method 06 | 申立て時

▶ **事前調査は手続の羅針盤**

――破産申立て時には、破産者本人の提出資料や報告のみを鵜呑みにせず、申立代理人が積極的に必要十分な事前調査をしなくてはならない。

事前調査の重要性

地方ごとに形式は異なるものの、裁判所は、破産手続開始及び免責申立書及び提出が必要な添付資料(債権者一覧表、資産目録、報告書・陳述書、家計全体の状況等)のひな形やチェックリスト等を配布しています。

そのため、ひな形を利用して破産者本人の主張に基づきデータを入力し、対応する疎明資料を用意すれば、一見すると破産申立書が完成したように見えます。

しかしながらあえて言うまでもなく、それでは申立代理人としての職責を果たしたことにはなりません。

申立代理人は、法の専門家として、破産者本人の主張や資料を精査し、資産や負債、免責等の各事項の調査・法的検討を行い、事案に応じた適切な資料の準備・報告をする必要があります。

事前調査を怠ることによる不利益

　東京地方裁判所では、破産申立後3営業日以内に、裁判所と申立代理人との間で即日面接が実施され、この面接にて同時廃止事件と管財事件の振り分けを行うこととされています。

　この際、申立代理人が事前調査を尽くしていれば同時廃止が相当な事件だったとしても、即日面接において、裁判所の質問に申立代理人が適切な回答ができず申立代理人の調査が不十分と判明すれば、裁判所としては同時廃止の可否を判断できず、やむなく調査を尽くすために管財事件に付されることになります。そうすると破産者に、引継予納金20万円を負担する必要が生じるほか、破産管財人の調査協力義務、債権者集会への出席義務等が生じ、破産者にとって負担が増大し不利益を被ることになるので、事前調査は入念に行うようにしましょう。

　なお即日面接後も、破産開始決定日までの間は取下げをすることが可能です（破産法29条）が、管財事件に付されたことを理由とした取下げは、事実上、許容されませんので、注意が必要です。

体験談1

管財 OR 同時廃止

弁護士10年目　男性

　女性の依頼者が、債務整理をしたいと相談に来ました。

　話を聞くと、現在は無職であり、任意整理は難しく、破産の申立てを選択すべき事案でした。

　負債の原因としては、クレジットカードでのショッピングや、生活費のためのキャッシングでした。

　会社員だったのですが、雇用先が他社に吸収されたことに伴い、給与

体系が変更され、歩合の割合が大きくなったことから、収入が激減し、さらに解雇されてしまったため、返済ができなくなったとのことでした。もともとの給料を前提とすれば、負債の原因となったショッピングやキャッシング自体は問題のないものでした。

さらに事情を聴取すると、クレジットカードを利用して購入したブランドバッグを、購入した2か月後に質屋に売却したとのことでした。

また、その売却代金については、生活費として費消してしまっているとのことでした。

もしかしたら、免責不許可事由に該当するかもしれないとして、管財事案になるかもしれないと考えました。

もっとも、本人によれば、このブランドバッグは、もともと質屋等で売却するために購入したものではなく、自分で使用するものとして購入したものでした。また、購入後手放さなくてはならなくなった事情は、上記のとおり、勤務会社の都合によるものでした。さらに、購入当時の収入からすれば、支払は可能であったこと、現時点で本人に全く資産がないことなどから、これを管財事件として扱う理由がないと考えました。

申立代理人として、特に免責不許可事由の可能性等には触れずにそのまま申立てをするか悩んだのですが、本人に状況を説明し、正面から進めることとしました。

具体的には、破産申立において、上申書を添付し、以上の事情を説明し、管財事件とする必要はなく、同時廃止相当である旨の指摘をしました。

その結果、面接において、裁判官からも問題がないとして、同時廃止となりました。

> 体験談 2

破産手続開始決定日を意識する

弁護士 7 年目　女性

破産手続開始決定日を意識していますか

　営業中の法人の破産申立であれば、いわゆる X デーとなる破産申立日及び破産手続開始決定日は、破産者本人と綿密な打合せをし、さまざまな要素を考慮したうえで、裁判所とも協議のうえ決めることが多く、高い意識を持って選定されていると思われます。

　しかしながら、例えば、特段急ぐ事情のない個人の破産申立において、破産手続開始決定日を意識して破産申立をしているでしょうか。

　破産申立書類の準備が整ったときが申立日であったり、収集した書類の有効期限が迫ってきたから慌てて申立てをした……なんてこともあるかもしれません。

　東京地方裁判所では、開始決定日について特段の希望がない破産事件は全件、即日面接をした週の翌週水曜日午後 5 時に開始決定をする運用となっています。

　したがって、特段の意識なく破産申立をすると、開始決定日も受動的に定められることになります。

　しかし、破産法 34 条 1 項は、破産手続開始決定時において破産者が有する一切の財産を破産財団とすると定めています。

　破産申立時には、破産申立書類一式の中で、申立て時の破産者の資産を詳細に報告しますが、破産申立時が基準ではないことに留意すべきです。

あてにしていた賞与が破産財団に？！

　とある管財事件で、破産手続開始決定日を意識していなかったために問題となったことがありました。

　破産者は会社員で、現金預貯金はほとんどなかったものの、若干のオーバーローンである自宅マンションを所有していたために、当初より管財相当事件として申し立てられた案件でした。

　申立代理人による介入通知送付後、一度は個人再生を検討して断念していたこともあり、破産申立までにかなりの時間が経過しており、書類が整った段階で、申立代理人が慌てて申立てたという経緯でした。

　しかし、破産申立を行ったのは６月の１週目でした。

　破産手続開始決定は６月の２週目になったのですが、開始決定前日に50万円の賞与が破産者の口座に送金されてしまっており、破産者も申立代理人もそのことに気づかないまま、破産手続開始決定が出てしまったのです。

　破産者は前月の給与を申立費用等に使用していたため、この賞与を次の給与までのつなぎの生活費や、子どもの学校での特別出費に充てるという予定でしたが、そのことを申立代理人に伝えていなかったようです。

　結局、当該賞与が振り込まれた口座は、破産財団を構成することになってしまいました。破産者が慌てふためいたことは言うまでもありません。

　賞与が支給される前に開始決定を得ていれば、賞与は新得財産として取り扱われますし、賞与が支給された後に現金として引き出したまま開始決定日を迎えれば自由財産として取り扱われ、特段問題は生じなかったと思われます。

　結局このケースでは、後日、賞与部分につき自由財産の範囲の拡張が認められ事なきを得ましたが、拡張が認められるまでの間、破産者は不安な日々を過ごすこととなってしまいました。

> ワンポイントアドバイス

事前調査のポイント

　破産申立に向けて、破産者本人の主張や資料を精査していくことになります。個人破産の場合、不自然な通帳からの出金・送金については偏頗弁済の疑いがあるため使途を確認すべきですし、生活していれば通常通帳にあるべき記載（給与の振込み、光熱費等の引落し）がなければ、他に口座を有していないか確認する必要があります。

　また、保険会社の入出金があれば保険の存在、固定資産税の引落があれば不動産の存在、配当金の入金があれば株式の存在を疑うというように、記帳や家計全体の状況を手掛かりに、資産の確認を行うことが重要です。

　給与明細の記載（積立等）や源泉徴収票の控除等の記載も調査の一助になることがありますので確認しましょう。

　他にも、家計全体の状況は、全体的な収支状況の整合性を確認するヒントにもなります。毎月の収支に余裕があるはずにも関わらず、実際の預貯金や現金がほとんどなければ、支出額に誤りがあったり、他に支出項目があったりする可能性があります。

　このように破産者本人からの聞き取りだけではわからなかったことが、資料をよく精査することで判明することが多くありますので、十分に資料を精査することが必要です。

□ 開始決定までの期間

　東京地方裁判所民事第20部に破産の申立てをした場合、原則として申立ての翌週の水曜日の午後5時に開始決定がなされるとの運用がなされています。管財事件であれば、だいたい申立て当日に破産管財人候補者が選任され、開始決定日まで、あるいは決定日直後に申立代理人、破産者と破産管財人（候補者）で打合せをし、それ以降は、破産管財人が主導して調査を行うという流れで進みます。しかし、東京地方裁判所以外の裁判所では、申立てから開始決定日までの期間について一律な基準がない場合がほとんどであるため（少なくとも公表されていないため）、申立てをした以降のスケジュールの見通しを付けることが難しいです。裁判所によっては、申立てをすると書記官から追加の資料提出の要請や質問が申立代理人に送られてきて、それらへの対応が完了した後に開始決定がされる運用をしていると思われます。そこで、申立てをしてほっと一息をつくことなく、追加事項に早期に対応する必要があります。また、東京地方裁判所の場合、会社について先に破産の申立てをして、代表者等の関係者の申立てが少し遅れる場合でも、会社については申立日の翌週の水曜日に開始決定がなされ、関係者についてそれほど期間をあけずに申立てをすれば、開始決定日は別日になるものの、同じ破産管財人が選任されて第1回の債権者集会が同日に設定されるとの運用がなされているように思います。

　一方で、他の裁判所で、会社の破産を先に申立てて、代表者の破産申立については過払い金の回収の関係で1か月ほど後になる予定だった事案で、会社について一通りの質問等にも対応した後も、代表者の申立てがなされるまで、開始決定はしないという

Column 開始決定までの期間

 ことになったため、結局、会社については、破産申立から開始決定まで2か月程度かかった事案もありました。会社について申立て後に債権者から照会があったので、もう申立てをしたので間もなく開始決定がなされる予定ですと回答していたのに、しばらくたってから、まだ何の書類も来ないのですがというような問い合わせを受けてしまいました。

 開始決定日が確定しないことで左右される事由の一つに、自動車の使用があります。開始決定と同時に自動車を破産財団から放棄して、自由財産として使用し続けることを予定しているケースの場合、東京であれば、申立日に鍵を預かり、開始決定予定日から数日後までは使えませんと説明をすることになります。しかし、地方では、開始決定がいつになるかわからないので、申立て時点で鍵を預かると、いつまで使えないのか見通しの説明ができません。

 また、ボーナス等の大きな金額の入金が見込まれている場合、開始決定日いかんによっては、開始決定日の資産が自由財産の枠を超えてしまうことも想定されます。開始決定日が先になることでそのような金銭が破産財団に含まれることとなってしまうおそれがある場合、事前に破産者に説明しておかなくてはなりませんし、入金の予定があるが、自由財産の拡張の必要性があるので申立てをする予定であることを申立て時に説明しておくと、円滑に手続が進みます。

Method 07 | 管財業務一般

▶ 迅速に着手せよ！

――破産管財人の主要な業務は、①破産財団の占有・管理・換価、②破産者の債権の確定、③配当の実施であるが、これらの業務を円滑かつ迅速に実施するためにどのような工夫が必要であろうか。

開始決定直後の業務

　管財業務を着手するにあたっては、破産手続申立書や添付書類の精査や、申立人との面接を行い、行うべき管財業務の確認や順序を検討することが必要です。とりわけ申立人の財産に差押えがかかっている場合や、債権者の取付けが行われている場合には、差押えの解除や封印執行など、早急に着手しなければならない業務も存在します。

管財業務

　破産管財人が行う業務は、債権調査だけではなく、破産管財人が債権者全ての代理人という立場に置かれていることからわかるように、破産財団の増殖を図るべく、破産財団を維持、申立人の財産を換価することや、破産者の免責調査などです。

配当の実施

破産財団が形成されると、債権者に配当を行い、破産手続は終了します。配当は、破産債権の順位や債権額に応じて配分することになります。財団債権、優先的破産債権、劣後的破産債権など順位に気をつけることが必要です。

> 体験談1

売掛金の回収

弁護士10年目　男性

とにかくまずは通知を出す

　自動車修理工場等向けに、自動車部品の卸販売していた会社の破産管財人を担当した事案です。直前まで営業していたので、売掛金も集計し、いつも月末に発送していた請求書も作成済みの状態での破産申立でした。
　そこで、開始決定日の翌日には売掛金の請求と振込先の変更を知らせる書面を売掛先全部に出すことができました。売掛金の額の精査に時間がかかりそうな場合は、売掛金の額は入れずに、破産開始決定がなされたので今後は破産管財人の口座に支払ってもらいたい旨、及び支払い見込みについて照会する書面を開始決定後すぐに送ります。売掛先も時間が経ってしまうと、いろいろと理由を付けて払わないといってくるおそれがあるので、できる限り、通常どおりの流れで支払い手続を進めてもらえるよう早く通知することを優先します。
　支払い先は破産管財人名義の口座を指定しましたが、開始決定日の直前まで、会社名義の口座への売掛金の入金が数件あり、支払期日が近い

売掛先もあったので、しばらく会社名義の口座は開設したままにしておきました。事業停止からすぐに破産手続開始決定に至った場合、破産管財人からの通知書が届く前に売掛先が送金手続をしている場合もありますし、振込先を変えるのは社内手続が煩雑なので会社名義の口座で受け付けてもらいたいとの要望があります。そこで、せっかく振り込んでもらえた売掛金を一度の手続で確実に受領できるよう、会社名義の口座も当面はそのままにしておきました。

また、売掛金はいつも会社の担当者が来たときに現金で支払っていたので今月分も取りに来てもらいたいと連絡があった会社もありました。振込みにしてほしいともう一度お願いしたのですが、あまりよい返事は得られず、このようなやり取りをしているうちに支払いを渋るようになっては大変と、それほど遠方ではなかったので、直接取りに行き現金で回収しました。

売掛先からすれば、ある日突然取引先が倒産して商品が仕入れられなくなったうえに、支払方法を一方的に変更してほしいと言われるのは面倒という気持ちになるでしょう。そして、話の流れが支払わないという方向に一度いってしまうと、電話対応や交渉で時間を取られることになります。そこで、確実に早く回収するためには、柔軟に対応することが大事だと感じます。

代表者に協力してもらおう

請求の書面を出してしばらくすると、何の回答もなく支払ってもこない先、電話等で連絡はつくもののいろいろと理由を述べて払うのか払わないのかはっきりしない先、そして明確に支払いを拒否する先が残ります。再度催告するとして、それでもダメなら訴訟を提起するのか検討が必要となりますが、ここで、元代表者と回収状況の情報を共有し、未回収となっている売掛先について、どれくらいの期間取引してきたのか、通常の取引中も支払ってくれないことがあったのか、支払いを拒否する

理由として主張しそうな問題はあるかなどを聞き取りました。そして、これまで特に問題がなかった先に対しては、元代表者や担当していた社員の方から連絡してもらいました。長年付き合いのあった担当者等から迷惑をかけて申し訳ないが、手続に協力してもらいたいと一言話してもらうことで、払ってくれることも多々あります。このように、売掛金の回収については、適宜、元代表者らと情報を共有して、対応方法について知恵を借りながら進めるとスムーズに進む面もあると感じます。

訴訟提起は早めに

　ここまで作業をすると残るのは、納品数の齟齬や返品等があったとして減額や支払い拒否を主張する先、全く連絡がとれない先であり、訴訟を提起するか、交渉を続けるかの判断をする段階となりました。

　この事案では、約300万円の売掛金がある会社が、商品に欠陥があると主張して交渉では払ってくれそうになかったので、訴訟を提起せざるを得ませんでした。他の未回収先数社の売掛金の額は少なかったのですが、一件訴訟を提起した以上は回収に一定の時間を要することは確定しており、また、納品書、伝票等の資料は揃っていたので、時間をかけてでも確実に回収しようと、数件の少額訴訟も一気に提起しました。

　訴訟を提起すると期日の関係でどうしても数か月はかかるので、訴訟提起が遅れると、他の換価業務は全て終わって売掛金の回収作業のみが残る事態になり得ます。また、和解をする場合、破産管財人の立場では場合あまり長期の分割には応じられませんが、早期に訴訟を提起して和解の話を始めておけば、他の換価業務の進捗状況をみながら数回の分割払いであれば受け入れることが可能となります。別件ですが、売掛先の社長がかなり高齢で、電話にはきちんと対応してくれるものの、今は資金がないので待ってほしいとなかなか話が進まなかったので、早々に訴訟を提起したところ、ご家族も一緒に対応されて話が進み、3回の分割で売掛金のほぼ全額を回収できたことがありました。早めに訴訟に切り替

えたことで、結果的に解決方法の選択肢が広まったと感じた事案でした。

一円でも多く回収する

　少額訴訟を提起したうちの一件は、相手が訴訟にも対応せず、欠席のまま全部認容判決がなされました。営業中の会社ではありましたが、強制執行することは費用対効果の観点から断念し、債務名義を債権回収会社に譲渡しました。また、会社が長期分割の合意をしていた先があり、開始決定後も定期的に入金があったのですが、すでに廃業していて残額の一部でも一括で払うということは見込めませんでした。そこで、手続終結のギリギリまで分割金を受領したうえで残債権を債権回収会社に譲渡しました。相手の資力等から訴訟を提起しても回収が見込めない債権については、判決（債務名義）を得た場合と、単なる未回収債権の場合それぞれの譲渡金額の見積りをとって、訴訟提起するかの判断資料とすることも考えられます。

体験談2

賃借物件の明渡しは早急に

弁護士6年目　男性

小売業者の破産申立事件

　ある株式会社から、事業再生について相談を受け、いろいろと検討を行いましたが、事業の継続は困難ということで破産を申し立て、事業を清算することとなりました。

対象会社は、小売業を営んでおり、事務所や店舗を賃借して販売しており、複数の賃貸借契約が存在しているため、これらを早期に処理することが必要でした。

また、相談に来た時点で、事業が継続している一方で、資金繰りが不足する時期が確定しており、労働者や取引先など多数の債権者が発生することから、早期の着手が要請されました。

賃貸借物件の処理

破産者が賃貸借契約を締結している場合、一般的には賃貸借契約書の解除事由として、賃借人の破産申立てなどが入っていることが多いです。

そして、かかる契約解除事由に基づいて、賃貸人が賃貸借契約を解除できるかについては、不動産の賃借権それ自体に価値が認められることもあり、解除権は制限されています。

したがって、賃貸借契約が継続するかについては、破産法53条により解釈されることになります。破産法53条1項は「双務契約について破産者及びその相手方が破産手続開始の時において共にまだその履行を完了していないときは、破産管財人は、契約の解除をし、又は破産者の債務を履行して相手方の債務の履行を請求することができる」と規定しており、賃貸借契約は破産管財人が解除するかの権限を持っているので、賃貸借物件の処理については破産管財人の判断に委ねることになります。

しかしながら、賃貸借物件の処理を管財人に委ねることにより、賃貸借契約が破産申立後も継続することになりますが、申立人が法人の場合は、会社は清算され消滅することになるため、賃貸借契約も必ずなくなることになります。また、破産申立後も賃貸借契約が継続した場合には、破産法148条1項8号により、解除されるまでの賃料債権は財団債権となるとともに、解除後に原状回復費用が発生した場合には、その費用も財団債権となるため、破産財団を減少させ、一般債権者に対する配当を減少させることになってしまいます。

したがって、破産申立前に賃貸契約を解除のうえ、賃貸人に賃貸物件の明渡しを行っていることが望ましいといえます。

賃借物件の処理

今回の申立てを行う際にも、賃貸借契約をできるだけ処理して申立てを行うことにしました。

具体的な流れとしては、各債権者へ受任通知の発送後、直ちに各賃借物件の賃貸人及び不動産管理会社に連絡をとり、賃貸借契約解除の申入れと、明渡しの日程や条件について協議を申し入れることとしました。

賃貸人側としても、財団債権扱いになるとはいえ、必ず財団が形成されて回収されるとも限らず、解除の申入れを受けることが多いかと思います。

この件でも事務所、店舗側の賃貸人は解除の申入れを受け入れてくれました。また、早期に事務所や店舗にある動産を撤去して明渡しをすることの申入れを行いました。

この点、申立会社に撤去費用を支出する余裕がない場合や、仮に余裕があったとしても撤去費用の金額によっては破産管財人より偏頗弁済の指摘を受けるおそれがありますので、慎重に進めることが大事です。

本件においては、撤去費用や原状回復費用については大家と交渉のうえ、敷金の範囲内で負担をしてもらう合意をしましたが、かかる費用が一般業者に依頼した場合に比べて適正な水準であるかは、見積りを複数から取得するなどして、破産管財人に報告ができるようにしておくことが必要かと思います。

事案によっては直ちに破産申立を行わざるを得ず、賃貸借契約等の処理を破産管財人に行ってもらうほかない事案もあるかと思いますが、できるだけ財団債権が発生しないような形で申立てを行うことも必要だと思います。

> ワンポイントアドバイス

就任直後の業務

　裁判所から破産管財人に選任された直後は、まずは申立書類の確認と、破産者との面談を行うことになります。

　その後は債権調査等を行いますが、特に通帳については何度も確認して不自然な入出金がないか確認することが必須です。

　通帳や郵便物から破産財団を形成する財産が見つかることも稀ではありません。

裁判所との連絡

　管財業務を行う中で、裁判所と進行について協議をしたり、財産の処分について許可を得ることが必要なことがあります。

　管財業務を進める中で不明点があれば、積極的に裁判所に相談し、疑問点を解消していくことが大事ですし、各地方裁判所によって運用は異なるかと思いますが、車両や債権を財団から放棄する際に裁判所から許可を得るのを忘れないようにしなければなりません。

□ 管理システム解除のタイミング

　売掛金を確実に回収するためには、あたり前ですがその内訳、額を正確に把握することが必要です。しかし、通常どおり事業を行っていたときには当然把握できたこのような情報が、破産手続に入ると手に入らなくなったり、把握するのに膨大な手間がかかるという事態があり得ます。

　会社が売掛金台帳をエクセル表で作成していれば、その記載から売掛金を把握できますし、直前の取引が反映されていなくても、納品書等の情報とあわせることで、比較的簡単に売掛金を集計できます。一方で、取引先が多かったり、店舗を構えて仕入れ販売をしているような会社では、管理システムを利用して在庫や売上の管理をしていて、売掛金の請求書も同システムのデータを利用して発行してきたというケースが多々あります。そのような場合、システムが解除されてしまうと、売掛金の請求が困難もしくは場合によって不可能となってしまうおそれがあります。

　外部の管理システムを使用していた場合、システム使用料を支払わないままでいると、新たなデータの入力ができないのはもちろん、過去のデータへのアクセスもできなくなる場合があります。メーカーの販売代理店をしていた会社の破産申立の事案で、売掛金や在庫品の管理等を全てメーカーから支給されたシステムで行っていたところ、事業を停止した段階でシステムが解除されてしまい、会社にはプリントアウトした過去のデータしかないという事態となりました。納品書、伝票なども全てそのシステム内で管理されていたために、直近の売掛金の額が全く把握できず、メーカーにデータの提供を依頼したのですが、ようやく提供いただけたのがプリントアウトされた膨大な紙の資料でした。それを

Column　管理システム解除のタイミング

　一つ一つ手打ちして集計せざるを得ず、弁護士、事務局、元代表者が総出で作業したもののかなりの時間を要しました。

　破産管財人が売掛金を請求した後に、納品数が違っている、値引きが反映されていないなどと主張され、請求額からの減額を主張されることも多々あります。そのような場合も、元のデータがないと反論ができずに相手の言い分をそのまま受け入れざるを得なくなります。また、訴訟提起をすることとなった場合は、売掛金の総額だけではなく、個々の商品の製品番号や価額、契約日、引渡し日等まで特定する必要があるので、元のデータの存在が重要となります。

　このように管理システムは売掛金の回収、在庫の処分等の換価作業にとって極めて重要な役割を果たすので、申立代理人はできる限り管理システムは解除せずに申立てをするべきですし、解除されるおそれがあれば請求書の作成、データのバックアップ、プリントアウト等、可能な限りの保全措置を講じる必要があります。そして、破産管財人としては、就任時にまだシステムが解除されていなければ、破産財団から費用を支出してでも当面はシステムを維持して、なかのデータが必要ないと確信できるまで解除はしないケースが多いと思います。

☐ 引継ぎ書類を選別せよ！

確保すべき書類

　破産財団の管理処分権を有する破産管財人は、破産者が保有する書類を引き継ぐことになります。

　しかし、全てを引き継ぐ必要性は乏しいこともありますし、規模の大きい法人の破産事件の場合等で書類の数が膨大な場合、全てを引き継ぐための保管場所を確保できないこともあります。そこで、どの書類を引き継ぐべきかが問題になります。

　申立書に疎明資料として添付されている書類以外で、破産財団の占有・管理や債権調査の観点から引き継ぐ必要性の高いものとして以下のようなものが挙げられます。

・総勘定元帳
　過去の資産・負債の変遷の詳細を調査する際に必要な資料であり、財産の調査にも債権の調査にも有用です。ただし、大半の企業ではパソコンにデータとして保存されていて、紙ベースで出力されていないので、パソコンのパスワード等を早期に確認して、データを閲覧する手段を確保する必要があります。

・破産者が発行した請求書の控えや取引先から受領した納品書
　財産調査、特に破産者に未収の売掛金がないかを確認するために有用です。

・破産者が受領した請求書や破産者が発行した納品書の控え
　債権調査、特に買掛金や未払金の認否に有用です。

・賃金台帳や源泉徴収簿
　労働債権の調査に有用です。また未払賃金立替払制度の利用の可否を判断するためには必須ともいえる書類です。

・破産者の手元にある契約書の控え
　契約が終了していない場合は破産管財人としては清算方法を検討する必要があります。すでに終了している契約であってもアフターサービスを求めたり瑕疵（契約不適合）について責任追及する可能性がある場合は契約書を引き継いだ方がよいでしょう。

・健康保険・厚生年金保険・雇用保険に関する書類
　破産者に従業員がいた場合は、問い合わせがある場合があるので引き継いで保管しておいた方がよいでしょう。
　一方で従業員に関する書類でも履歴書等が残っている場合は、個人情報保護の見地から、本人に返還するか早期に破棄するのが無難です。
　労働保険料の徴収に関する書類・労災に関する書類・安全委員会議事録・衛生委員会議事録・安全衛生員会議事録なども引き継いでおくと有効です。

破産手続終了後の書類の保管の要否と保管方法
　破産手続終了後は、破産管財人は破産財団に属する財産の管理処分権を失うので、引き継いだ書類は、個人であれば破産者本人、法人であれば法人の代表者に引き渡せばよいことになります。
　しかし、破産者又は破産会社の代表者が受領を拒む場合や、破

産手続終了後も破産会社の書類が必要な場合が想定され破産者に返すと紛失するおそれがある場合（例えば法人の場合、社会保険に関する問い合わせは破産手続終了後もしばらく続くことがあります）は、破産管財人が必要なものを保管する必要があります。

そして、トランクスペース等を借りて保管する必要がある場合は、保管費用及び保管期間経過後の処分費用をあらかじめ見積もって破産財団から差し引いておく必要があります。

破産手続終了後も破産管財人が書類を保管する必要がありますが、倉庫費用を拠出するほどの破産財団がない場合は、破産管財人の事務所に保存できるものであって、破産手続終了後も必要性が高いものを優先的に保存し、残りは破棄することを検討しなければなりません。この場合、一般に請求書や納品書が破産手続終了後に必要になることは稀ですし、破産手続終了後に破産会社について税務調査が入ることも稀ですが、雇用・社会保険関係で破産会社の元従業員や社会保険事務所から問い合わせがあることはあり得るので、これらが終了後も保管するとした場合、優先順位が高いと思われます。

書類の保存期間

問題は、破産管財人が書類を預かる場合の保存期間ですが、商法・会社法上、会計帳簿及びその事業に関する重要書類の保存期間は帳簿閉鎖の時から10年とされているので（商法19条3項、会社法432条2項）、破産管財人が破産手続終了後に書類を保管する場合にもこの規定が適用されるかについては議論があります。

この点、従前は、債権法改正前の民法171条が弁護士又は弁護士法人は事件が終了した時から3年を経過したときは、その職務に関して受け取った書類についてその責任を免れると定めて

いたため、これに従って保存期間は3年であるとする見解が有力で（全国倒産処理弁護士ネットワーク編『破産実務Q&A 200問』金融財政事情研究会、2012年、177頁）、東京地裁の運用も同様でした（『破産管財の手引〈第2版〉』355頁）。

しかし、債権法改正により民法171条は削除されたことから、運用に変化が生じる可能性があることには注意を要します（債権法改正後の規定に従えば、保存期間は5年又は10年ということになります（債権法改正後の民法166条1項））。

なお、各種法令をみると、書類の保存期間は、商法・会社法は上記のとおり10年ですが、税法上は7年となっているものが多く、労働関係は3年、社会保険関係は2年となっているものが多いです（あくまで目安です。また同じ書類の保存期間が社会保険関係と税法で異なる場合もあります）。実務上破産手続終了後も参照する必要性が生じる可能性が高いのは労働・社会保険関係だと思われますので、3年は今後も保存期間の一つの目安になると思われます。

破棄する書類の扱い

引き継がず破棄する書類については、個人情報・信用情報等の保護の見地から、破産財団に余裕がある場合は信頼のおける溶解業者等を利用して溶解処理すべきです。

Method 08 | 破産開始後の事業の継続

▶ **事業継続できるか否か、それが問題だ**

――破産手続は清算型の倒産処理手続であり、破産手続が開始されれば、事業は廃止されるのが原則である。しかし、破産管財人は、破産法36条により、裁判所の許可を得て、事業を継続することができるとされており、また、破産者の方から、今の事業をそのまま継続したいとの申出がされることがある。破産手続が開始されたにもかかわらず認められる「事業の継続」はどのような場合であろうか。

破産手続開始後の事業継続には2パターンある

　破産法36条は、「破産手続開始の決定がされた後であっても、破産管財人は、裁判所の許可を得て、破産者の事業を継続することができる」と定めています。同条の「事業の継続」は、破産管財人がその事業主の地位を承継し、事業主体として、破産財団に属する財産に関する事業を継続する場合とされています。

　これとは別に、破産手続開始後に破産者個人また、会社の場合は代表者個人が事業を継続することがあります。これは、破産者個人や代表者個人が事業主体となって、破産財団に属する財産を使用しないで事業を

行う場合です。破産財団に属する財産を使用して行う事業が対象となる破産法36条の場面ではありません。

このように、事業主体（破産管財人、破産者個人）と使用する事業用財産（破産財団に属するかどうか）によって異なってきます。

また、同法36条に基づく事業継続は、破産手続が再建を目的としていませんので、比較的短期間の事業継続であり、いずれ事業は廃止または譲渡されることになりますが、破産者個人による事業継続にはそのような制約はなく、可能な限り事業を継続することはできます。

破産法36条の「事業の継続」

破産手続は破産財団を換価して清算することを目的としていますので、同条の「事業の継続」は、基本的には、破産財団が増殖、維持でき、有利な換価につながる場合に例外的に認められるとされています。

例えば、破産者が建設会社や製造業者で、仕掛中の工事や仕掛品等の半製品があり、それらを短期間に完成させることが可能で、完成品を有利に換価できる場合（破産財団の増殖）、事業を廃止すると損害賠償や違約金の支払義務が発生する場合（破産財団の維持）が考えられます。

また、破産財団の増殖、維持が見込まれない場合であっても、多数の入院患者がいる病院の破産、多数の生徒が在学中の学校の破産など事業を廃止すると社会的影響が大きい場合、または事業を廃止すると顧客や取引先に大きな損害が発生する可能性が高い場合、事業を継続することがあるとされています。

破産者個人による事業継続

破産者が個人または会社の場合、個人または代表者個人が破産手続開始決定後も同じ事業を継続したいとの申出が申立代理人よりなされるこ

とがあります。破産者の年齢、これまでの破産者の職歴や雇用環境等から他の業種への転職が難しく、破産者の生活保障や経済的更生からすると、事業継続の必要性が認められる場合は多いと思います。

　もっとも、同じ事業によって債務超過に陥って破産手続が開始されたことからすると（必ずしもそうではない場合もあり得ますが）、今後同じ事業を継続して生計維持が可能であるかどうかを債務総額のうち事業による債務額の占める割合、売上状況等から判断する必要があります。事業継続の必要性だけでなく、事業継続の具体的な実現可能性（生計維持）が認められることも、事業を継続する前提となります。

　破産手続開始決定がなされると、開始決定時に破産者が所有する財産は破産財団を構成します（破産法34条1項）ので、事業に使用していた什器備品等事業用財産は破産財団（個人事業主の場合の自由財産を除きます）を構成することになります。したがって、事業を継続するためには、破産財団と事業継続に使用する財産を区分することが必要になり、破産財団に属する事業用財産等を破産者個人（会社の場合は代表者個人）に譲渡するなどの手続を行うことになります。

　事業用財産については、それらの価値を評価していくことになりますが、対象になる財産によっては業者から見積りを取ることも必要です。無価値の事業用財産（長期間使用した中古の備品など）であれば破産財団から放棄し、無価値ではないが相応の価値しか認められない場合には自由財産の拡張で対応することも考えられます。換価価値が認められる場合には、破産者個人への売却、破産管財人が親族に売却して親族から破産者個人が借り受ける等行うことになります。

　さらに、事業用財産とは別に、営業権（のれん）を観念することができますが、破産者による事業継続は、個人事業主又は会社であっても代表者個人で事業継続が可能な規模の場合が多く、独自の営業価値があるとして「営業権」が認められることは少ないのではないかと思います。

　また、同じ事業を継続していますので、あいまいになるおそれがある、取引先との売掛金、買掛金等について、破産財団に属するのか、破産手続開始決定後の新得財産になるのか、区分を明確にすることも必要にな

ります。

　なお、個人事業主の場合は、民事執行法131条6号で「技術者、職人、労務者その他の主として自己の知的又は肉体的な労働により職業又は営業に従事する者のその業務に欠くことができない器具その他の物」は差押禁止財産とされており、大工の道具類などはこれに該当すると思われますので、注意が必要です。

体験談1

会社は破産したけれど、個人として事業を継続できる？

弁護士6年目　男性

個人で同じ事業を継続させてください

　会社とその代表者について、同時に破産手続開始申立がなされることは多いと思います。破産手続が開始されると、会社は事業を継続することができませんので、代表者は別の仕事に従事するか、または申立て時より以前に事業を事実上廃止して、すでに別の仕事で給与を得て生計を立てていたりしています。

　本件は、スーパーマーケットやデパートでの卸売や、店頭販売を営んでいる会社とその代表者の破産管財事件で、代表者から生計を立てるために、個人事業主として同じ事業を継続していきたいとの申出がありました。そこで、私は破産管財人として、個人事業主としての事業継続を認めてよいのか検討することにしました。

会社の資産と代表者個人の資産の峻別

　会社は破産手続開始申立の時まで事業を続けていました（その段階では従業員は全員解雇）。そうすると、代表者個人としての立場ではありますが、同じ店頭販売ですから、外形的には会社が継続して事業を営んでいるのと同じ状態に見受けられ、取引先にも誤解が生じる可能性があります。そこで、個人事業主としての事業継続を認めるかどうかにあたり、まず、破産財団（会社の資産）と代表者個人の資産をきちんと分けることが必要であると考えました。
　今回の場合、代表者個人に、破産手続開始申立及びその決定前に、個人の立場でも店頭販売をしていたといった事情は認められませんでしたので、代表者個人に対し、事業継続についての結論が出るまで店頭販売の仕事は一切行わないよう注意して、会社の資産を調査することになりました。
　まず、申立代理人から申告があった会社の売掛金を回収し、在庫商品もないことを確認しました。
　また、提出された勘定科目内訳書に、倉庫及び駐車場の賃料が計上されており、駐車場については代表者個人名義で別途借りていることが確認できましたが、倉庫については、まだ会社名義のままでした。
　そして、会社は、店頭販売を行うための什器備品（のれん掛け、桶、はかりなど）を所有し、商品の運搬に会社名義の車両（鍵及び車検証については破産管財人にて預かりました）を使用していました。

同じ事業を継続したい理由とは

　代表者個人は、数十年間店頭販売の仕事一筋でした。その当時すでに高齢でしたので、他の業種の仕事への転職や同業種を営む会社への就職も難しいと思われました。さらに、未成年の子どももおり、何とかして生計を立てていかなければならないという事情がありました。代表者個

人としては、家族を養っていくためには、同じ店頭販売の仕事を続けていきたいとの思いでした。

もっとも、このような事情があるとしても、同じ事業である店頭販売を営んでいた会社が破産手続開始に至ったのですから、同じことを繰り返すことは許されません。事業継続の必要はあるとしても、事業が継続できることも当然必要です。代表者個人に対し、今後の事業をどのように行っていくか照会したところ、知人の同業者の下請けをするなど、縮小して事業を継続するとの回答でした。

私は、代表者個人としての事業継続は認めてもよいのではないかと考えました。

個人として事業を継続するとして

代表者個人で事業を継続する場合、代表者個人からも申出がありましたが、会社名義の車両や什器備品を代表者に譲渡することになります。

そこで、会社名義の車両については、その評価額を査定して代表者個人に買い取ってもらい、什器備品は中古品でしたが、譲受けを希望している代表者個人にとっては一定の価値があると考え、裁判所と協議のうえ、相応の金額で買い取ってもらうことになりました。また、商品の保管に使用していた倉庫については、会社名義の賃貸借契約終了の確認書を提出してもらい、代表者個人が新たに借りることになりました。なお、同じ事業を継続することから、業種によっては「営業権」や「のれん」の評価が必要になる場合もありますが、今回は店頭販売事業であり、特に営業価値までは認められないだろうと考えました。

このように破産財団から代表者個人への事業用財産の譲渡を終え、今回は、裁判所と協議のうえ、代表者個人としての事業の継続は認められました。事業を継続する場合、破産財団と破産者個人の資産の区分をあいまいにせず、また事業継続の可能性についても注意する必要があると感じました。

体験談2

法人の事業継続

弁護士11年目　女性

気軽に相談してしまいました

　小売業向けの販売管理システム（パッケージソフトウェア）を開発、販売し、さらに販売先から委託を受けてシステムの運用を行うグループ企業3社（及び代表者1名）の破産を申し立てたことがあります。

　破産の相談を受けたときは、まだ3社とも営業中でした。代表者からは、支払期日との関係で早期に破産申立を行うよう強い要望があった一方、特に顧客からシステムの運用を受託している会社については、突然営業をやめてしまうと顧客に大きな損害が発生することが予想されました。

　通常、破産開始決定後も破産管財人の下で事業継続するというのは、仕掛品があって、比較的短期間事業を継続すれば完成させることができ、納品して代金を受領すれば破産財団の増殖に資するというようなケースではないかと思います。しかし本件では、将来的な損害の発生を防止するという消極的な事情しかありません。

　ただ、私はその頃、ちょうど破産開始後の事業継続について講演を聞いて知識を得たばかりで、「これは使えるのではないか」と思い気軽に裁判所に相談してしまいました。

　そして協議のうえ、顧客が新しい委託先を決めるまでの期間であればということで、裁判所の理解を得ることができました。そして、その前提で管財人候補者が選ばれ、事前打合せのうえ、申立ての当日に開始決定をいただきました。

事業譲渡できれば……との思いも

　従前より、この代表者からは時折相談を受ける関係でもあり、われわれ申立代理人は、この代表者が熱意を持って事業を営んできたことをよく承知していました。そこで、事業を継続している間に事業ごと譲渡できる先が見つかればとも思っていました。
　しかし、この点はなかなか思うようにはいかず、事業を構成していた会社財産をバラバラに売却（使用していたサーバーを顧客に購入してもらう等）することとなりました。ただ、一部顧客については、元従業員が別途設立した新会社に引き継ぐことができたようです。

早期申立てのためにはやむを得なかったが……

　しかし、今から考えると、破産管財人には余計な負担をおかけしてしまったと思います。相代理人が後から破産管財人に聞いたところでは、事業を継続したことで顧客に迷惑をかけずには済んだものの、一方で費用（恐らく人件費）が多くかかり、破産財団の増殖にはつながらなかったと言われたそうです。
　本件では、代表者が早期の破産申立を強く希望していましたので、やむを得なかったようにも思います。また、申立ての際、すでに他の顧客と紛争を抱えていたため、これ以上の紛争は避けるべきとの判断もありました（この顧客は、非常に多額の「損害金」を破産債権として届出してきました）。ただ、事業の継続というのは、申立代理人ではなく、破産管財人が行うものです。破産管財人の方に生じた多大な負担を考えると、事業の終了についてある程度見通しを立ててからの申立てという選択もあり得たのではないかと、今では思っています。

> ワンポイントアドバイス

法人の事業継続

　破産法36条に基づき破産法人について事業継続する場合、管財人は一般的な管財業務とは全く性質の違う業務を行うことになります。

　通常、管財人は活動の止まった会社に関する権利義務の処理をするものですが、事業継続する場合、管財人はまさに生きている事業の運営を任されることになります。そのため、時には普段とは違う一種の経営的な視点で判断していく必要が生じるのです。その時の判断基準は、さながら事業会社の社長のようなイメージです。

　事業継続が認められる理由として破産会社の取引先に大きな損害を及ぼすといった理由で短期間の事業継続が認められることがあります。

　その場合、限られた期間の中で取引先の選定や取引金額を判断することが必要になることがありますので、取引先を選定するにあたり売上や損害を見積もり、優先順位をつけて取引を行うことになります。

　もちろん、事業を破産管財人の責任において行うことになるため、破産会社の担当者と連携をとることや、従業員の確保や安全面から無理が生じない方法で万全を期して対応する必要もあります。このように、「破産会社で可能な事業の把握」や「協力してくれる従業員確保の可否」「販売による利益の最大化」といった普段なかなか考えることのない判断要素を考慮して事案処理をすることになったのです。

　このように、事業継続の場面では通常の管財業務とは異なる業務に対応することになるため、十分な準備と対策が必要となります。

Method 09 | 債権調査

▶ 債権の管理、
　さぼってませんか？

――破産申立の第一段階は債権調査である。まずは債務者の申告に基づき債権者に受任通知を発送し、送られてきた債権を一覧表に記載していく。しかし、その際漫然と調査結果を一覧表に挙げるだけにとどまっていないだろうか。

債権調査の一般的注意事項

　破産申立事件を受任するにあたり、まず、着手しなければならないのは債権者に対する受任通知の発送と調査結果に基づく債権者一覧表の作成です。申立代理人としては、金融機関、消費者金融に対する債務のみならず、全ての債権者に対する全ての債務について、もれなく記載をする必要があります。

　具体的には、保証人が保証債務を履行した場合の保証人に対する求償債務、滞納公共料金・家賃等、勤務先・親族・知人からの借入金債務、生命保険会社からの契約者貸付金債務等を見落とすことのないように注意すべきです（『破産管財の手引〈第2版〉』62頁）。

　また、債権者一覧作成の前提として、過払債権の発生の有無を確認す

るため、完済済みの債務についても受任通知を発送し、債権調査を行うことを忘れてはなりません。

債務者の申告漏れに注意

　もう少し詳しくみていきましょう。
　まず、滞納公共料金・家賃等については、債務者において「借入れを行っている」という認識が希薄であり、ついうっかり、申告を忘れている場合があります。
　このような債権についても当然破産債権に該当し、他の破産債権と扱いを異にして個別に弁済をすることは許されません。
　したがって、このような債務について破産手続開始後も継続して利用することを予定している場合には、受任通知発送の前の段階で延滞分を解消しておく等の処理が必要となります。
　また、勤務先・親族・知人からの借入れに関して、知られたくないという理由で、これらの債権者を債権者一覧表に記載しないことは許されません。
　また、非免責債権にかかる債権者も、破産手続に参加する利益を有していますので、免責許可決定後も支払義務を負うからといって、債権者一覧表に記載する必要がないことにはなりません。
　一部の債権者を記載しなかった場合、虚偽の債権者名簿の提出（破産法252条1項7号）として、免責不許可になることもあり得ますので注意しましょう（『破産管財の手引〈第2版〉』73頁）。

先行する個人再生事件はありませんか？

　また、破産申立の前に債務者が個人再生手続を行っている場合には、別途注意が必要です。再生計画の履行完了前に、再生債務者について破

産手続開始の決定又は新たな再生手続開始の決定がなされた場合には、再生計画によって変更された再生債権は、原状に復するとされており（民事再生法190条1項）、減縮した額が復活する扱いとされているためです。

したがって、債務者が以前に民事再生・個人再生を行っている場合には、再生計画に従った弁済を完了しているか否か、いま一度債務者に確認することが重要となります。

体験談1

申立人の居住用建物の賃料未払い

弁護士11年目　女性

賃料未払いがあった場合、どうなるか

個人破産の申立事件において、申立人が居住用建物を賃借していることはよくあります。そして、申立人がこの居住用建物の賃料を滞納しているということもあります。ただ滞納しているだけでは賃貸人から賃貸借契約を解除されてしまうので、賃貸人との間で、滞納賃料を分割で支払うという合意がされており、この合意に従い毎月少しずつ滞納賃料を支払っているというような場合が多いように思います。

もっとも、このように過去の賃料について滞納がある状態で破産申立がされた場合、その滞納賃料は破産債権となります。そのため、当然ながら、賃貸人と合意していたとしても滞納賃料を支払っていくことはできません。他の破産債権と同様、賃貸人を債権者一覧表に記載し、滞納賃料の支払いはやめることになります。破産手続が進み免責許可決定が確定した場合には、滞納賃料の支払義務も免責されることになります。

住む場所がなくなってしまう！

　法的には、上記のとおりの流れになります。しかし、滞納賃料の支払いを受けることができないとなった場合、賃貸人側は、賃貸借契約を解除して、賃借人すなわち申立人に退去してほしいと思うでしょう。これも当然のことです。そうなると、申立人は住む場所がなくなってしまうということになりかねません。破産して免責されても住む場所がなくなってしまうとなれば、生活を立て直すことも難しくなる可能性があります。なお、継続的給付を目的とする双務契約について定めた破産法55条は、賃貸借契約には適用がありません。

申立代理人の役割

　このような事態を防ぐために動くのが、申立代理人の役割です。「滞納賃料も破産債権になるから、免責後は支払う必要はありません。でも賃貸借契約は解除される可能性があります」と申立人に説明するだけでは、申立人はどうしていいかわからなくなるでしょう。賃貸人と交渉し、例えば免責後の任意での支払いを考えるなど、申立人が生活できる場所を確保できるよう、積極的に動くべきではないでしょうか。
　私が破産管財人をした事案で、実際に居住用建物の賃料を滞納しており、分割で少しずつ毎月支払っているというものがありました。しかし、そのときの申立代理人は、その滞納賃料が破産債権になるという認識がすっぽり抜けてしまっているのか、債権者一覧表には賃貸人を載せておらず、こちらから滞納賃料があるのではないかと指摘して初めてその事実を述べました。そのとき、私から申立人に対して滞納賃料は破産債権になるため、今後支払いはできないこと、そうなると賃貸人から退去を迫られるリスクもあることを伝えたところ、申立人は非常に驚き、住むところがなくなるのは困ると焦りだしました。
　しかし、破産管財人の立場からは、賃貸人と交渉すればなどとは促せ

ませんので、申立代理人に気づいてもらうように仕向けました。私が担当した事案は、最終的には申立代理人が賃貸人と交渉をしたようです。ただ、申立人はとても不安そうでした。

　このようなケースは、私自身も体験したものではありますが、別の弁護士からも、同じようなケースの経験を聞いたことが何度かあります。意外とよくあることのようですので、破産管財人、申立代理人、どちらの立場になったときにも、注意が必要です。

体験談 2

個人再生崩れに注意！

弁護士12年目　男性

いつもの管財事件と思っていたところ……

　これは、東京都が行っている「相談電話」で受任した自己破産申立事件に関しての体験談です。

　債務者は、非常に真面目な性格である反面、ストレスから過剰な飲食に走ってしまい債務を増大させてしまったとのことでした。飲食への支出が300万円以上あるとの聞き取りに基づき、管財手続を選択して申立てを行いました。

　東京地方裁判所では、即日面接に臨むに際し、同時廃止を希望する場合と管財手続を希望する場合とでは、面接に臨む気構えがかなり異なります。具体的には、同時廃止を希望する場合、裁判官の質問にその場で回答できなければ即管財事件となることから、緊張度は極めて高いものになりますが、管財手続を希望する場合には、予想される管財業務の説明にとどまることが多いことからそれほどの緊張を強いられることはあ

りません。

　その事件のときも、「本件は免責調査の説明をすればよい」という気の緩みがあったのかもしれません。

　その債務者は、かつて実父の連帯保証債務に関し給与取得者等再生を行った過去がありましたが、再生計画認可からすでに10年以上経過しており、全く問題はないと思っていました。

裁判官からの指摘

　しかし、即日面接の際に裁判官から、債権者一覧表の借入開始時期に関し、「この債権者に対する借入れ、以前の再生計画に基づく返済時期にかぶっていませんか？」「これらの借入れは再生債権に関連するものですか？」「再生債権については完済しているのですか？　返済未了のものがあれば『再生崩れ』で減縮した債務額が復活しますね」と矢継ぎ早に質問されました。

　再生計画の履行完了前に再生債務者について破産手続開始の決定がなされた場合には、再生計画によって変更された再生債権は原状に復することから（民事再生法190条1項）、本来、再生計画に含まれている債権者がどこであったかと、計画どおりの返済の有無につき事前に資料を揃えておくべきところ、これを失念した自分のミスでした。

　結果的には、債務者が従前の個人再生手続に関する資料を保管していたこともあり、従前の申立人代理人に連絡をとり、完済したことの疎明資料（完済の証明書、各月の振込明細書の写し）を受け取ってこれを破産管財人に提出することで問題なく手続を進めることができました。

　また、以前の再生手続は、商工ローンからの借入れに関し、主債務者である実父が個人再生を選択したことから、債務者もこれにあわせて連帯保証分のみを個人再生手続としたもので、債務者本人自身、自己の借入債務については手続に含まれないと理解していたものでした。

　そのため、破産管財人の方でも、債務者自身の借入債務が再生手続に

ついて含まれなかった経緯については理解をいただき、それ以上問題となることはありませんでした。

> ワンポイントアドバイス

NHKの受信料

　世間で注目されたNHK受信料訴訟の最高裁判決（最大判平成29年12月6日民集71巻10号1817頁〔28254659〕）において、放送法64条1項は日本放送協会の放送を受信することのできる受信設備を設置した者に対し、その放送の受信についての契約の締結を強制する旨を定めた規定であり、日本放送協会からの契約の申込みに対して上記の者が承諾をしない場合には、日本放送協会がその者に対して承諾の意思表示を命ずる判決を求め、その判決の確定によって契約が成立し、この契約に基づいて受信料の設置月以降の分の受信料債権が発生する旨の判断がされました。

　この最高裁判決の趣旨からすれば、家にテレビを設置している人にとって、日本放送協会は、仮に受信契約を締結していないとしても、潜在的には債権者であるといえます。

　しかし、実際に破産者が自然人の破産事件をみると、自宅にテレビがあるにもかかわらず、受信料を払っている形跡が全くなく、債権者一覧にもNHKの名前がない事例が多数見受けられます。このような事例の中には、破産者自身も、申立代理人も（管財事件の場合は破産管財人も）、日本放送協会に受信料を払わなければならず、同協会が債権者であることを何となくはわかっていながら、あまり強く意識していないことから、日本放送協会の受信料債権を見過ごしている事例が珍しくないようにみえます。

　しかし、破産者が知りながら債権者名簿に記載しなかった請求権が非

免責債権とされていること（破産法253条1項6号）からすれば、日本放送協会が債権者一覧表から漏れていた場合、同協会の受信料債権が非免責債権と扱われてしまうリスクがあります。

　そこで、本来であれば、申立代理人は破産者のテレビの有無を確認し、テレビがあるのであれば日本放送協会を申立書に添付する債権者一覧表に掲載すべきです。

　また、破産管財人は、債権者一覧表から日本放送協会が漏れている場合は、テレビの設置の有無を確認して、テレビがあるのであれば日本放送協会を「知れたる債権者」として追加で通知を送るべきです。

　ただし、①テレビを設置しているが受信契約を締結していない段階であれば、日本放送協会に対する債権は顕在化していないこと、②上記最高裁判決の射程については議論があること（詳細は『NHK受信料訴訟大法廷判決のインパクト』ジュリスト1519号、2018年、14頁以下掲載の各論文等を参照してください）、③NHKの受信料を払わないことについて個人的な思想信条を持っている人もいることから杓子定規的に日本放送協会を債権者に追加するとトラブルになることもあります（申立代理人が思想信条から受信料を払っていないことから債権者一覧表に日本放送協会を追加することについて抵抗する事例があるとの噂もあります）。よって、破産者等の意向を考慮して、個々の破産者に応じた柔軟な対応が必要な場合もあります。

Method 10 | 財団債権・優先的破産債権

▶ 区別と順位付け、
　ちゃんとできますか？

——破産財団が形成できた場合には、配当ができるか否かを検討し、場合によっては財団債権への弁済を行うこともある。このような方針の見極めのために、どのようなことを把握しておかなければならないのだろうか。

財団債権

　財団債権とは、破産手続によらないで破産財団から随時弁済を受けることができる債権であり（破産法2条7号）、破産債権に優先して弁済を受けられます。そのため、破産債権者への配当が可能かどうか、つまり配当事案となるか異時廃止事案となるかを見極めるためには、当該事案における財団債権の有無、額を正確に把握することが必要です。
　どのような債権が財団債権となるかについては、破産法148条、149条に規定がされています。具体的には、破産管財人の報酬請求権、一部の租税債権、破産手続開始前3か月間の破産者の使用人の給料債権などがその例として挙げられます。
　財団債権の総額を弁済するだけの財団がない事案、すなわち異時廃止

事案では、財団債権の債権額に応じた按分弁済がなされます。しかし、破産法148条1項1号及び2号に掲げられている財団債権については、他の財団債権に先立って弁済がなされるため（同法152条2項）、注意が必要です。具体的には、破産管財人の報酬が最優先され、次に法テラスの立替費用等の手続費用（同法148条1項1号）、破産財団の管理、換価に関する諸費用（同項2号）に優先的に弁済がされ、まだ財団があれば、他の財団債権に債権額に応じた優先弁済がなされます。

優先的破産債権

　破産債権の中においても、配当の優先順位が定められています。他の破産債権より優先弁済を受けられるのが優先的破産債権（破産法98条1項）で、その後に一般の破産債権、劣後的破産債権、約定劣後破産債権と続きます。

　また、優先的破産債権の中においても、さらに優先順位が定められています。優先順位は民法、商法、その他の法律の定めるところによるとされていますが（同条2項）、具体的には①公租（国税、地方税）、②公課（社会保険料、下水道料等）、③共益費用に関する債権、④雇用関係に関する債権、⑤葬式費用に関する債権、⑥日用品供給に関する債権の順となります。

　なお、公租公課は破産手続開始前の原因に基づいて生じたものか否か、具体的納期限の時期、本税か延滞税か等によって財団債権となるか、優先的破産債権となるか、あるいは劣後的破産債権となるかが異なってきます。労働債権も、いつの時期の労働債権かによって財団債権となるか優先的破産債権となるかが異なってきます。

債権の区別、優先順位の把握をしっかりと

これまで述べてきたとおり、どのような債権が財団債権や優先的破産債権となるか、そして、その中でもどのように優先順位が付けられているかは、かなり複雑です。これらの区別や順位をしっかり把握しておかなければ、誤った弁済をしてしまったり、間違った方針を立ててしまったりということにもなりかねません。

そのような事態を防ぐためには、まず当然の前提として、正確な知識が必要です。そして、さらに、具体的事案を進めるにあたっては、自分の考えのとおりで間違いがないかということを確認することが大切です。油断することなく、きっちり、正確にやっていきましょう。

体験談 1

国民年金保険料の未払いは面倒

弁護士11年目　女性

そもそも交付要求がされない

管財手続が進み、債権の届出や交付要求も一通り届き、ある程度の財団も形成された頃、まずは公租公課の財団債権部分がどの程度の金額になるかを確認します。最近は公租公課の未払額が大きく、財団債権部分を支払っただけで破産財団が尽きてしまうことも多いからです。このようなときは、当然異時廃止になります。

ところが、国民年金保険料の場合、国税や地方税とは異なり、交付要求がされないことが多いようです。年金保険料を支払わないということは、当該破産者が将来受け取れる国民年金の額が少なくなるということ

で、ある意味自己責任だという考え方がその根底にあるようです。

 だとしても、申立時の債権者一覧に「国民年金保険料」と記載されているにもかかわらず、破産管財人として放置するわけにはいかないでしょう。一部でも支払いが可能な程度の財団が形成されているのであれば、年金事務所に対し、一度は交付要求を促すべきでしょう。

 なお、滞納が続き、すでに窓口が債権回収会社（サービサー）などの委託先になっている場合もあります。しかし、委託先では交付要求についての判断はできませんので、委託元である年金事務所に連絡する必要があります。

1か月分に満たなければ、端数は「いらない」と

 私が破産管財人を務めた事件では、サービサーから年金事務所の担当者にたどり着き、「本当に支払いが行われるのか」と何度も尋ねられ、最初の連絡から3週間程度たってようやく交付要求がされました。そのため、1回目の集会期日に間に合わず、これだけのために期日を続行することになってしまいました。

 そして、延滞金の減免を求め、裁判所と打合せて財団債権の弁済に充てる金額を決定（及び管財報酬の内示）したところで、今度は年金事務所から、「（年金保険料の）1か月分に満たない金額は受け取れません」と言われてしまいました。この趣旨はよくわかりませんが、破産管財に関する文献によると、年金事務所はよくこのようなことをいうようです。内部の事務処理上の問題なのでしょうか。端数であっても、国民年金の大事な原資なのですから、是非受領していただきたいと個人的には思います。

 このケースでは、年金事務所に支払える金額が、国民年金保険料の7か月分プラス1か月分に数千円足りない金額でした。いらないと言われても、今度は1万3000円ほどが財団に残ってしまいます。

結局管財報酬を若干減額することに

　裁判所に説明すれば「では事務費ということで」と言われそうな気もしましたが、本件で実際に発生した事務費と比べると多額ですし、こちらから事務費うんぬんと申し出るのもいかがなものかと思われました。結局、「私の報酬を削っていただき、年金事務所に8か月分支払ってよいですか」と相談し、快諾されました（なお、このときは思ったより多額の管財報酬の内示を受けていたので、私もあまり気になりませんでした）。

　ちなみに、私は、裁判所に相談する際、「～といった状況なのですが、どうしましょうか」と言うのではなく、「～といった状況なのですが、このような処理でよろしいでしょうか」と、必ず対応策を挙げてそれでよいかの判断を仰ぐようにしています。これは、まだ経験年数が浅かった頃、当時のボス弁護士にきつく指導されたことです。

　このケースでは、財団債権が、この国民年金保険料しかありませんでしたので、按分弁済の必要がなく、このような簡明な処理ができたのは幸いでした。

　破産管財人に選任された際、一件記録の中の債権者一覧表を見てどのような債権者がいるかを確認されるでしょう。その中に年金事務所（国民年金）があった場合、是非注意いただき、早め早めの対応をされるとよいと思います。

> 体験談2

雇用保険未加入でも諦めるな

弁護士8年目　男性

法人の管財事件の配点

　裁判所より管財事件の配点があり、破産会社には正社員やパートなど10名弱の従業員がいるものの、破産申立時に未払賃金があり、破産会社の財産としてはとりわけ換価処分できるような財産や、十分な引継予納金が見込めないというような事案でした。
　実際に、破産会社の代表者と面談をし、申立書類を確認しても、破産財団を形成することが困難であることが見受けられ、従業員への未払賃金への配当金が発生することが困難であることが予想されました。

労災保険の未払い

　また、破産会社においては、労災保険には加入していたものの、雇用保険料を支払っていた対象は、正社員のみであり、パート社員については労災保険に加入していないとのことでした。
　この点、未払賃金立替制度を利用するためには、事業主側の要件として、労災保険の適用事業主であって1年以上事業を継続していること、また法律上もしくは事実上の倒産をしたこと、という要件が必要になります。そして、労働者側も要件を満たせば、未払賃金立替制度を利用することにより、未払賃金を8割まで立替払いしてもらうことが可能です。
　本来労災保険は全ての従業員に適用される必要があるのですが、中小企業においては、雇用保険と同様にパート社員に対して労災保険が適用

されないと考えている事業者も多く、本件においても、パート社員に関する労災保険料を支払っていないことがわかりました。

このような場合でも、独立行政法人労働者健康安全機構に、パート社員の方の就労実態を報告し、必要書類に破産管財人が証明書を添付して申請することにより、未払賃金立替制度を利用することが可能です。

実際に申請するにあたっては、当該従業員の賃金台帳や、タイムカード、給与明細、就業規則、従業員本人からの聴取などによって就労の実態を把握し、その金額が正しいか確認をすることが必要になります。

また、未払賃金立替制度は、外国人労働者に対しても適用があります。

未払賃金の申請手続

申請書は、各労働基準監督署にて交付を受けるか、独立行政法人労働者健康安全機構のホームページからダウンロードすることにより、入手することが可能ですので、私はダウンロードして必要事項を記入して提出し、無事に労働者の未払賃金を、全てではありませんが支払うことができました。

なお、未払賃金立替制度は、退職日の6か月前の日から同制度による立替払請求の日の前日までの間に支払日が到来している「定期賃金」と一定額の「退職金・退職手当」が対象であるほか、支払額の上限があり、無制限に支払われるわけではありませんので、注意が必要です。

そして、この制度はその名のとおり、本来使用者が支払うべき従業員の賃金を、独立行政法人労働者健康安全機構が立替払いをする制度であるため、同機構は、破産会社に対して求償権を取得することになり、破産債権の届出をしてもらうことになります。

また、労働者の賃金債権についても、未払賃金立替制度の利用によっても支払われない賃金が残りますので、かかる債権は破産債権として届出をしてもらうことになります。

> ワンポイントアドバイス

財団債権の承認許可

　財団債権を承認する場合、その財団債権の額が100万円を超えていると、裁判所の許可が必要になります（破産法78条2項13号、同条3項1号、破産規則25条）。ここにいう「100万円」とは、当該財団債権者に実際に弁済する金額ではなく、当該財団債権の額です。つまり、110万円の財団債権を承認する場合には、実際のその財団債権者に弁済する金額が1万円であっても、裁判所の許可が必要になります。この場合、裁判所に承認許可の申立てを行わなければなりません。

　ここで、配当事案（つまり財団債権については全額弁済ができる事案）では、100万円を超える財団債権があれば、容易に承認許可の申立てをすることを思いつくでしょう。逆に、引継予納金20万円のみしか破産財団がないような事案であれば、破産財団は全額破産管財人の報酬となり、財団債権への弁済もできないため、財団債権の額がいくらでも承認許可を得る必要性がありません。注意が必要なのは、そのどちらでもない事案、全額破産管財人の報酬となるか、一部財団債権への弁済が可能となるか微妙な事案（破産財団がそれほど多くもないが、自分で全額破産管財人報酬となると判断できるほど少なくもない事案）です。

　このような事案の場合、債権者集会前に裁判所に打合せメモを送り、裁判官から報酬の内示を受けて最終的な方針決定をすることになると思います。そこで、破産財団の全額を破産管財人の報酬としてよいといわれれば特にすることはありませんが、全額を報酬とするのではなく、一部財団債権への弁済をするとなると、100万円を超える財団債権があれば速やかに承認許可の申立てが必要です。裁判所との打合せから債権者集会までは1週間程度の時間しかないことから、ここで見落としがあると間に合わなくなるおそれがあります。

　そのようなことを防ぐためにも、あまり多くの財団形成ができないと

思われる事案であっても、交付要求があったときには財団債権の額を確認し、把握しておくことが必要です。

Method 11 破産手続中の不測の事態

▶ 備えなくても憂いなし

――受任事件について不測の事態が生じ得るのは破産事件に限られないが、特に破産事件についてはその特殊性から不測の事態が生じる可能性も高くなる。そのようなことを念頭に、事前に防げるものは防ぐための措置をあらかじめ講じ、それでも不測の事態が生じてしまった場合でも落ち着いて処理することが肝要である。

破産事件の特殊性

　特に個人の破産事件の場合、依頼者は必ずしも全てを正直に代理人に話してくれているとは限りません。例えば、申告した口座以外にも口座を有していたり、不必要に携帯電話を複数所持していたり、通常の債権者以外に親族からも借入れがあったりし、さまざまな理由からそれらについて代理人には黙っているということが十分にあり得ます。また、債権者からの請求も止まり、安心した依頼者が思いもよらぬ行動に出ることもあります。さらには、誰も予測できなかった不測の事態が生じることもあり、例えば集会期日が迫っている場合など、十分に対応できる時間的な余裕がないということもあります。
　そこで、申立代理人としては、以上のような特殊性を十分に認識してあらかじめ心構えを持っておくことが大切です。

事前に防げるものは防ぐ

　申立代理人にとっての不測の事態とは、大きく分けて依頼者に問題があるものとそうでないものに分けることができます。そして、前者については事前の調査や依頼者に対する丁寧な説明などによってある程度は防ぐことができるように思います。例えば、預金通帳の履歴から申告を受けていない口座や債権者の存在を推知できる場合があります。少なくとも、預金通帳の履歴等何ら確認することなく申立てを行うことは論外です。また、破産事件の依頼者の中には多少「ゆるい」依頼者もいなくはありません。破産手続について、きちんと説明したつもりでも、依頼者には正確には伝わっておらず、そのことが原因で後々問題が生じることもあります。

　申立代理人としては、依頼者の性格等も十分見極めたうえで、より丁寧かつ正確な説明が求められます。

生じてしまった事態への対応

　そうはいっても、完全に不測の事態を防ぐことはできません。そこで、仮に不測の事態が生じた場合には、冷静かつ迅速に対応しなくてはなりません。

　例えば、破産管財人の調査中に新たな問題点が発覚しその旨の連絡があった場合等、申立代理人としてはすぐさま依頼者から事情を聴取して必要な書類等の提出を行わなくてはなりません。このとき、依頼者が今まであえてそのような事情を隠していたとしか思えず腹が立つこともありますが、そこは冷静に対応し依頼者に行動を促す必要があります。逆にこのときに依頼者に対して頭ごなしに叱りつけるような対応をとると、依頼者が協力を拒み、そのせいで処理が遅れ、時には逆恨みされることもありますので十分注意が必要です。

　また、破産手続中、申立代理人として全く予測できなかった事態に直

面するということもあります。そのようなときには、もちろん対処方法を調べることになりますが、それでもどうすればよいかわからないということも特に経験が浅いときにはあると思います（十分な経験を有していてもありますが……）。そのようなときには、自分で抱え込んで、いたずらに時間を経過させてしまうと後々面倒なことになりますので、破産管財人に相談して対応を協議し、時にはアドバイスをもらうということも有益です。

　いずれにしても、何か問題が発覚した場合には破産管財人との連絡・協議は必須です。

体験談1

破産手続中の破産者の死亡

弁護士8年目　女性

自己破産破産の申立て

　依頼を受けた当時、相談者は、体を悪くしており働けない状態でした。消費者金融からの借入れは総額にして200万円程度でしたが、働けない状況でしたので返済することはできず、自己破産の申立てをするほかにない状況でした。ただ、破産者には、父親が亡くなった際の未分割の相続財産として土地建物があったため、管財事件として自己破産の申立てをすることとしました。

　破産管財人と、破産者の持分についてどのように対応するかを話し合いました。相続人は、破産者のほかに破産者の母親、兄と姉がいました。そして、当該土地建物には、父親の相続人である破産者の母親と姉が住んでいました。母親は、年金暮らしですし、姉は離婚して子どもを連れ

て実家に戻って母親と住んでいるので収入は僅かでした。破産者も含めて相続人間で、当該土地建物は母親が単独で取得することに異存がありませんでした。破産管財人は、破産者の持分を適正な価格で、母親に買い取ってもらえるのであれば母親が取得することに異論はないとのことでした。ただ、母親は、年金暮らしですし、一緒に住んでいる姉の収入も僅かなものでしたので、全くお金が準備できない状況でした。当該不動産の固定資産評価証明から割り出した破産者の持分評価が40万円程度ということもあり、母親の収入が年金しかないという書類を提出することで、当該土地建物を破産財団から放棄してもらえることになりました。

後は、債権者集会を経て、当該土地建物を破産財団から放棄してもらい、破産手続自体は異時廃止とし、免責決定をもらって確定すれば解決するはずでした。

破産者が死亡した時の手続の選択

しかし、債権者集会の3日前に、破産者が急死してしまいました。破産者が死亡したことにより、破産手続は終了してしまいましたが、破産者が残した借金は、相続放棄をしない限り、破産者の相続人である母親、兄と姉に引き継がれることになります。破産者に何の財産もなければ、破産者の相続人である母親、兄、姉に相続放棄をしてもらえば済むのですが、父親から相続した土地建物の持分がありましたので、相続放棄をしてしまうと、この土地建物の持分まで放棄することになってしまい、母親が土地建物を取得することができなくなります。

そのため、単純に相続放棄をすることはできず、どうしたものかと思っていたら、相続財産の破産申立をすればいいのではないかと助言をもらいました。まだ、申立てをする期限である、死亡してから3か月という期間は経過していなかったので、急いで準備して母親を申立人として相続財産の破産申立を行いました。

その際、以前と同じ破産管財人が選任されました。同じ破産管財人が

選任されたので、当該土地建物の持分を破産財団から放棄してもらえるものと期待していましたが、買取金額を再度交渉されてしまいました。母親も姉も資金を準備することはできず、どうしたものかと思っていました。そのとき、亡くなった破産者と音信不通になっていた兄が、亡くなったのを聞いて、母親のためにいろいろと動いてくれ資金も準備すると言ってくれました。それで、無事に亡くなった破産者の持分を含め、当該不動産は母親の所有とすることができました。

　相続財産の破産申立を行う際は、同じ破産管財人が選任されることになるようですが、同じ結論にはならないこともあると学びました。

体験談2

海外渡航の発覚

弁護士7年目　男性

一応説明しているつもりでした

　何件か破産申立を扱い、少し慣れてきた頃の話です。破産申立に必要な聞き取り等のため、打合せを重ね、必要な書類を一通り出してもらって、これでようやく申立てができるかな、という段階まできました。

　そして、最後に申立手続中にできないこと等を説明する際に、引越しや旅行は裁判所の許可が必要なので、そのような事情が生じたら必ず事前に連絡してくださいと簡単に伝え、依頼者も了承しました。

　この依頼者は今振り返ってみてもいろいろと注意する必要がある依頼者で、申立段階までこぎ着けたのに安心してしまったことや、依頼者が引越しや旅行などする予定がないことは十分把握していましたので、私はすっかり油断していたのだと思います。

破産管財人からの怒声のような連絡

　申立てを終えて予定どおり破産管財人が付いたのですが、手続を進めていくうえで、たびたび問題が発覚し、その都度、破産管財人から連絡を受けて説明や資料の追加を求められ、依頼者を呼び出して事情を聞くということが続いてしまい、破産管財人から苦言を呈されておりました。
　そうこうしているうちに、破産管財人から連絡があり「申立人は勝手に海外旅行をしていたようだがどういうことか。大至急説明し、仮にその説明に納得できなければこれまでの経緯から免責不許可ということも十分にあり得る」と強くお叱りを受けてしまいました。

旅行ではない？！

　私も、これまで何度も問題を起こしてきた依頼者にさすがに嫌気がさし、電話で海外旅行に行っていたということがどういうことか、事前の許可が必要だと説明してあったはずだと強く迫りました。
　すると、その依頼者は全く悪びれず、「依頼者の親族で外国の方がいてその人が入院・手術することになり、頼まれて渡航費用の送金を受けたので身の回りの世話に行っていただけで、『旅行』になど行ってない」と言われました。私は、この依頼者が開き直ってそのようなことを言っているのではないことがすぐにわかりました。依頼者が本当にそう思うであろう性格であることは、これまでの打合せ等から私はよく知っているはずだったのです。私は、特にこの依頼者との関係では、自分の説明が不十分・不正確であったことを悟り、自分の落ち度にひどく後悔しました。
　私は、すぐに破産管財人に連絡して事情を正直に説明し、私の説明の仕方が悪かったことを謝罪し、かつ、依頼者に当該親族の診断書を取り付けてもらい、それを翻訳して破産管財人に事情説明書とともに提出しました。その結果、何とか無事に免責決定をもらうことができ、本当に

安心しました。

　以後、特に破産事件においては、依頼者の性格等も見極めて慎重に対応するようにしています。ただ、この頃は目の前の事件の処理に精一杯でそんな余裕がなかったのだと反省しています。

> 体験談3

配当後の国税還付金送金通知

弁護士10年目　男性

事件終了後の還付金の連絡

　法人の破産管財人を務め、若干の配当で終了した事案がありました。
　配当が終了してから約1年半ほど後に、税務署から、国税還付金送金通知書を受領しました。
　この通知書によれば2万円程度の還付金が生じるとのことでした。
　郵便局で還付金を受領するということだったのですが、郵便局に問い合わせたところ、受領にあたっては、郵便局まで出向く必要があること、その際、破産管財人としての資格証明書が必要であるとのことでした。
　私は、すでに終了した事件について、破産管財人として2万円を受領したとして、その後の処理をどうするか悩みました。債権者への配当等にするのは物理的に不可能であり、結局は、破産管財人である自分が受け取ることにせざるを得ず、その方法としては、破産管財業務の事務費とする以外に思いつきませんでした。
　そのため、裁判所宛てにFAXを送り、2万円については、全額事務費としたいこと、資格証明書を発行してほしい旨を連絡しました。

その結果、裁判官から連絡があり、全額事務費として問題ない旨の連絡を受けました。

事前調査の必要性

今回は還付の金額が2万円程度だったため、事務費で問題がなく終わったのだと思いますが、本来であれば、税務申告した場合の還付金額がどうなるかなどを確認したうえで、税務申告にかかる費用も考慮に入れ、事前に裁判所と協議すべきであったと反省しています。

ワンポイントアドバイス

不測の事態が生じてしまったら

　どんなに注意していても、不測の事態が生じてしまうということはやはりあり得ます。それが申立代理人や破産管財人のミスということもあるでしょうし、破産者に原因があるという場合もあると思います。また、その態様も、比較的軽微で参考文献で調べれば対処がしやすいというものから、それまで全く考えたことがなくどのように対処していいのか全くわからないというものまでさまざまです。
　しかしながら、いずれの事案においても肝要なことは不測の事態の発生後、迅速に対応するということに尽き、調べてもわからないこと・不安が残ることについては、破産管財人や裁判所と十分な連携をとり、いたずらに1人で抱え込まないことが極めて重要となります。
　この点、あまり経験のないときにはこんなこと聞いてもいいのかなと躊躇してしまいがちですが、調べてもどのように対応していいかわからないときは遠慮なく破産管財人や裁判所に相談しましょう。破産管財

人・裁判所としても早めに相談してくれた方が助かりますし、温かく対応してくれることが多いです。

Method 12 | 否認権

▶ **慎重に検討し、やるとなったら迷いなく**

――どのような場合に否認権行使の対象となるのか。また、否認権の対象となる行為が発見された場合、どのような手段によって否認権の行使をするのか確認しよう。

　破産者の破産手続開始決定前の行為について、一部の知人にのみ借金の返済をしていたり、家族に資金提供をしたりしているなど、債権者を害する行為が発見されることがあります。
　破産管財人としては、これらの行為を発見した場合には、その効力を否定して、流出した財産を債務者に回復させる必要があります。

否認対象行為

　破産法は、否認対象行為について、160条から162条にかけて規定しています。
　破産者が債権者を害することを知ってした行為や、債務額を超過する価値を持つ目的物による代物弁済、相当の対価を得てした財産の処分行為のうち破産者が隠匿等の処分をするおそれを生じさせる行為、偏頗弁

済などが定められています。

　典型例としては、介入通知後の差押え、申立ての直前における不動産の譲渡、申立ての直前における担保権の設定や登記、申立ての直前における親族、知人等一部債権者に対する弁済、申立ての直前における親族等に対する贈与などが挙げられます。

否認対象行為の発見

　破産管財人としては、申立代理人の受任通知の時期の確認をするとともに、通帳の精査、資産譲渡の時期や登記の時期の確認を行い、さらに、破産者自身や代理人に対する聴取によって、不自然な資産の移動がないか、把握することが必要です。

　否認対象となり得る行為を発見した場合には、どの条文に該当するのか、否認の要件を充足するのか、慎重に検討しましょう。

否認対象行為を発見した場合

　まずは、返済を受けた債権者や、資産の譲渡・贈与を受けた第三者に対して任意に返還を求めることを検討します。

　破産管財人としては、相手方に対して、破産管財人の立場や、法の趣旨を説明し、理解を求めるとともに、任意に財産の回復がなされない場合には、否認請求や否認の訴えをせざるを得ないことを説明して、任意の返還を求めることとなります。

　また、資産がさらに第三者に譲渡されることを防ぐため、譲渡の相手方を債務者として処分禁止の仮処分を申し立てるなども検討する必要があります。

否認の請求、否認の訴え

　相手方が任意の返還に応じない場合には、破産管財人としては、否認の請求及び否認の訴え提起を検討することとなります。

　否認の請求は、簡易迅速な手続ではあるとされているものの、確定まで1か月かかることや、相手方に異議があれば、訴訟となり手続が長期化する可能性があります。

　そのため、いずれの手続をとるにしても、書証の有無、手続の見通し、時間・コストとの関係等から慎重に検討する必要があります。

体験談1

偏頗弁済

弁護士10年目　男性

偏頗弁済？

　20代男性を破産者とする管財事件で、破産管財人として通帳を精査していると、申立代理人の受任通知後に、個人宛ての送金が散見されました。

　破産者にその内容を確認すると、知人からの借入金に対する返済とのことでした。

　そのため、申立代理人に対して偏頗弁済に該当するのではないかと指摘したところ、申立代理人からは、偏頗弁済には該当しないとの意見が述べられました。

　申立代理人によれば、経緯として、まず任意整理を予定し、金融機関に対してのみ受任通知を出して、各社と任意整理のための交渉をしたと

のことでした。そして、その間は、全債権者に対して、全額を弁済する予定であり、金融機関以外の債権者（知人）に対しては、特段申立代理人からの受任の通知などはせず、返済をしていたのであり、そのため、偏頗弁済には該当しないとの見解でした。

　一般的には、任意整理のためであっても、約定どおりの弁済ができないことから、受任通知がなされたのであること、結果的に、全額弁済できず破産に至っていることなどから、危機時期以降における一部に対する偏頗弁済に該当すると考えました。

　念のため裁判所に確認したところ、その方針で問題ないとの意見をもらいました。

返還の請求

　そのため、まずは、返済を受けた債権者に対して、任意での返還を求めることにし、申立人に各債権者の住所等を教えるよう依頼しました。

　ここで、申立代理人からは、その当時各債権者は善意であったとの意見が述べられました。

　破産管財人としては、債権者が善意か否かについては、破産管財人と当該債権者との間の問題であり、申立人（申立代理人）の意見はあくまで善意悪意を判断するための一事情にすれば足りると考え、申立代理人と細かい議論をすることなく、債権者に対して請求をすることとしました。そして、各債権者宛てに通知を送付して、返還をするよう求めました。

　この事案を通じて、自分が任意整理を受任するにあたっても、このまま任意整理がうまくいかず破綻に至った場合には、知人などへの返済が偏頗弁済に該当し否認の対象となることを頭に入れておかなければならないと考えさせられました。

> 体験談 2

申立てまで長期化している破産案件

弁護士6年目　女性

受任通知から、申立てまで5年以上が経過した事案

　債務整理として受任後、自己破産を申し立てるまでの期間が、常識的にみて長くなりすぎているケースが時折あります。

　以前、私が破産管財人として関与した案件ですが、申立代理人から債権者への受任通知後、破産の申立てを行うまで、5年以上経過していました。

　会社と代表者個人セットでの破産の申立てでしたが、受任通知は、申立代理人より、それぞれ、ほぼ同時期に発送されていました。申立てまでに長期間が経過した具体的理由については、割愛しますが、5年以上の期間は、あまりにも長すぎると言わざるを得ないでしょう。

受任通知の後、預金額が800万円超えに！

　会社は、約5年前から事業停止状態ですので、受任通知後、破産の申立てに至るまでの間、預貯金の金額に変動はありませんでした。また、会社代表者個人の通帳を確認したところ、確かに、受任通知前後に預貯金はほとんどなく、破産申立直前の預貯金もほとんどない状況でした。

　しかし、5年間に及ぶ取引履歴を確認したところ、ある口座においては、毎月一定金額の預金がなされ、ピーク時には、800万円を超える預金が形成されていたことが確認されたのです。

　預金の理由は、破産会社の事業が停止になった後、別の会社に取締役

として就任し、多額の役員報酬により、預金が貯まっていったようです。

そして、貯めたこの預金がその後どのようになったかというと、申立ての1年ほどから出金されており、申立て前には、ほぼゼロとなっていました。使途を確認したところ、親族や関係先への資金援助ということでした。

受任通知後の無償行為

破産法160条3項は、「破産者が支払の停止等があった後又はその前6月以内にした無償行為及びこれと同視すべき有償行為は、破産手続開始後、破産財団のために否認することができる」と規定しています。

したがって、受任通知後に行われた資金援助（いわゆる贈与行為）は、支払停止後の無償行為として、否認の対象となります。

本件でも、受任通知が行われた後、4年以上が経過した後の行為とはいえ、無償行為否認の要件に該当するため、散逸した財産を回収せざるを得なくなりました。

体験談3

同棲中の彼女からの借入れ

弁護士4年目　男性

申立て前の通帳の確認は必須

破産の申立てに際しては、過去の銀行口座等の通帳の写し又は口座の取引履歴を提出しますが、もちろん、申立て前にその内容を確認するこ

とは申立人としては必須の作業だと思われます。私ももちろん確認作業は毎回行っています。

そのときの私の依頼者はまだ若く、諸々の事情により消費者金融からの債務が膨らんでしまったというもので、とある理由により管財事件になる見込みということ以外は特段変わったことはなく、よくある話といえばよくある話でした。

そして、事前に提出してもらった通帳を確認したところ、まだ若いこともあってか多額の金額の移動等もなく、一見したところ問題ないものでした。打合せの際も、支出については債務の返済以外は水道光熱費や家賃等の固定費であり、その他は生活費ということで、まぁ、そうかなという感じでおかしなところはないはずでした。

何となく違和感

ただ、申立て前に通帳を精査している段階で、毎月例外なく給料日に必ず現金で4万円が引き出されていることに少しだけ違和感を感じました。その他の引き出しについては、当然のことながら金額も引き出したATMもバラバラですが、この4万円については必ず同じコンビニエンスストアのATM（同じ店舗かどうかはわかりませんが）ということも違和感の原因になったと思います。もちろん、給料日に当月の生活費として4万円を引き出すこと自体は不自然なことではないので、何となくの違和感を感じながら通帳の履歴の確認を続けました。すると、給料日の前日に最大で10万円近い金額を引き出している月もそれなりにあり手持ちの生活費に不足していないはずなのに、それでも必ず給料日当日に毎月4万円を引き出しているのは、やはり不自然だと強く感じました。

真実を聞き出すために……

　私は、当初、依頼者には私に申告してない口座があり、そこに当該４万円を入金しているだと思い、少し憤りを感じながら打合せを行いました。本件は免責不許可事由があり裁量免責を得るためには全て正直に申告して破産管財人による調査にも積極的に協力しないとならない事案である旨説明し、仮に虚偽等があれば裁量免責は得られない可能性があることなどを少し（たっぷり？）強めに説明したうえで、当該４万円の引き出しは不自然でまだ申告していない口座があるのではないかと問いただしたところ、依頼者の態度から何かしら隠していることがあることは明らかでした。そこで、仮に破産管財人にこの点を問い詰められた後に発覚したら手遅れであるとして説得したところ、実は、依頼者には同棲している彼女がいてその人からお金を借りており、毎月必ず給料日にマンションの近くのコンビニエンスストアで４万円を引き出してそのまま現金で返済するという約束になっていたとのことでした。彼女に破産の事実を知られたくなかったというのが正直に申告しなかった理由でした。
　私は、やれやれと思いましたが、破産手続上一部の債権者にのみ返済することはできないことをあらためて説明し、彼女には誠実に説明して謝罪するしかない旨説得し、最終的に無事に債権者を追加して申立てを行うことができました。
　もちろん、最初の打合せ時に債権者については例外なく全て申告しなければならないことを説明してありましたが、やはり、申立てをする以上、依頼者のいうことをそのまま鵜呑みにせず、丁寧に通帳等からおかしな取引がないか確認することが大切だと痛感させられた事件でした。

> 体験談 4

給与からの天引き

弁護士 11 年目　女性

介入通知後も堂々と天引き

　私が破産管財人を務めたケースで、破産者は公務員だったのですが、職員共済組合から借入れをしており、当該共済組合が介入通知後も堂々と給与から天引きして返済を受けていたということがありました。
　そもそも、最初の介入通知から申立てまで2年半ほど経っているという最近では珍しい事案で、職員共済組合への介入通知からも1年半が経過していました。そして、申立代理人作成の上申書には、破産者の給与から各種保険料が控除されているほか、上記共済組合への返済金も天引きされている旨大らかに記載してありました。

債権者はあっさりと偏頗弁済を認めたが

　破産管財人から職員共済組合に照会したところ、当該組合は偏頗弁済に該当するとあっさり認めました。しかし、担当者は破産法166条を挙げ、「破産手続開始の申立ての日から1年以上前にした行為」は支払停止を理由に否認できないはずであり、したがって過去1年分については返還に応じるがその前6か月分については応じられないと回答してきました。職員共済組合側も弁護士の指導を受けていたようです。
　当方としては、破産法166条は支払不能を理由とする否認を制限していないと解されることから、支払不能の事実及び支払不能について共済組合の悪意を主張立証して1年半全ての分の返還を求めることも（一応

理論的にはあり得ると）考えましたが、立証の困難性や交渉・手続に要する時間を考慮し、裁判所とも相談のうえ断念しました。

　なお、本件では受任通知から破産の申立てまで1年以上経過しており、破産法162条3項によって支払不能の推定が及ばないことから、本来であれば破産管財人は、破産者の（支払停止ではなく）支払不能について立証しなければ否認権を行使できないはずです。しかし、この点について共済組合側から指摘はありませんでした。

　結局、過去1年分のみ返還を受けるということで職員共済組合とは合意し、速やかに支払いを受けました。

堅い勤務先であっても……

　まさか、こんな教科書事例のような偏頗弁済が、1年半もの間堂々と継続していたというのが驚きでした。職員共済組合は、確信犯的に天引きを続けていたのか、仮に申立代理人が抗議していたら天引きをやめていたのか、他の組合員との間ではいまだにこのような偏頗行為を続けているのか等疑問は尽きません。

　私は本件で、破産者の勤務先が堅い職場であっても油断は禁物であり、破産者の給与明細はよく見るべきと学びました。また、介入通知から破産の申立てまで期間があくことの問題点は、すでにいろいろと指摘されていますが、このように偏頗行為否認との関係でも問題が生じ得るということです。

ワンポイントアドバイス

申立てまでに長期間経過している事案では、無償行為に要注意

　破産管財人の立場からすれば、受任通知後、申立てまでに長期間経過している事案では、特に、預貯金の入出金履歴を念入りに確認することが必要です。

　申立てまでに長期間経過していることには、何か大きな問題となる理由があるのかもしれませんし、新たな収入に基づき、預金が形成されているケースもあります。

　申立てまで長期間経過することで、本来、破産財団を形成すべき資金の散逸が生じ、債権者の公平を害するような否認対象行為が発生する事態が生じやすくなるのではないかと考えられます。

　申立てまでに、長期間経過している事案では、特に、財産の散逸、無償行為に要注意といえます。

Method 13 | 財産の調査

▶ 小さなことからコツコツと

——破産者は、破産手続について法的な知識に乏しく、また、できるだけ自己の財産を残したいと考えていることが多い。そのため、申立段階では、申立代理人に質問されたことにしか答えず、申立資料が不十分な場合がある。そこで、通帳の記載や郵便物をよく見て、申立資料にない財産の存在を見落とさないように注意することが重要である。

申立資料・郵便物の確認

　破産管財人の主な職務は、破産者の財産のうち破産財団を構成するものを換価して、債権者に配当することです。そのため、破産者に換価できる財産があるかを調査することが必要になります。

　申立て時に提出された通帳などから出入金を確認し、不明な出入金があれば申立代理人や破産者に確認することになります。

　最初に、破産者・申立代理人と打合せをする際には、申立資料の中身をよく確認のうえで行うことが重要です。特に、通帳の出入金は全て確認しておく必要があります。

　また、破産者の郵便物が全て破産管財人に転送されてきますので、郵便物を逐一確認して、申立資料に記載のない預貯金口座、保険契約FXの口座等がないかを確認することになります。

破産者の中には、故意ではないにしても、全く使っていなかった預貯金口座などは申立代理人に伝え忘れていることもあるので注意する必要があります。

通帳の記載や郵便物などから、申立資料にない預貯金口座・保険の存在が判明したり、FX取引を行っている疑いが生じた場合、申立代理人や破産者に問い合わせ確認するとともに、破産管財人として預貯金口座やFXの口座の有無等を照会することが必要となります。

現物を確認

事業を行っていて備品や在庫などが残っている場合や換価できそうな動産を所有している場合、それが実際に価値があるか、いくらで換価できるかを、早めに確認する必要があります。そのため、換価できそうな動産類がある場合は早めに現場に行って現物を確認することも重要です。

体験談1

申立代理人記載のメモ

弁護士11年目　女性

メモの有益性

破産申立時に申立代理人から送付される申立資料の中には、申立人から聞き取りをした内容を、申立代理人がメモしてくれている場合があります。例えば、預貯金口座の取引履歴について、「○○の支払い」「○○の引落し」などというように、一見しただけでは何のための支出かわか

らない取引について内容を明らかにしてくれるものです。こういったメモがあると、事案の概要を把握しやすくなるうえ、破産管財人が調査すべき事項を申立代理人が先取りして行ってくれているので、調査時間の短縮にもなります。つまり、破産管財人としては非常に助かります。自分が申立代理人をするときも、こういう風にすればよいなと思ったりもします（なお、申立資料の預貯金通帳の取引履歴の脇に、使途をメモ書きするよう要求している裁判所もあります）。

ない方がよいことも……

　ただし、あたり前のことですが、それはメモの記載内容が正確なときだけです。記載内容が不正確なときには、その記載は意味がないどころか、かえって調査時間を増やすことになりかねない、有害なものとなります。私が破産管財人として担当した事案で、そのようなメモがあったため、そのメモが正確であることを前提に調査をしていました。しかし、他の資料と照らし合わせると、どうしても矛盾が生じ、どうしてそのようなことになるのかしばらく理解ができませんでした。その後、申立人本人に直接確認したところ、そもそも申立代理人が記載したメモの内容が間違っているということがわかりました。しかもその事案では、申立人が申立代理人に対し、そのメモは間違っているから直してほしいと指摘していたそうです。それが直されることなく提出されていたため、本来なら申立人本人に聞けばすぐわかることであったにもかかわらず、なかなかそこにたどり着かず、かえって時間を要しました。

最後は自分の責任

　破産管財人の仕事は破産管財人の立場で調査をすることなので、その調査の結果しかるべき結論にたどり着いたのですから、私としては本来

するべきであった仕事をしたということになります。しかし、徒労感は感じます。

　破産手続を進めるにあたって、申立代理人とは協力していくことが不可欠です。もっとも、間違ったメモを鵜呑みにした結果ミスが生じても、その責任を負うのは破産管財人です。やはり、自分の責任で、しっかりと調査をしていくしかないのだということを痛感しました。

体験談2

通帳は情報の宝庫

弁護士11年目　女性

よくチェックしなければ勿体ない！

　すでに言い古されたことではありますが、破産者の有する財産、借入れ、取引等の有益な情報が通帳から得られることは、想像より多いのではないでしょうか。私自身、それほど預貯金通帳を細かく見ているという自覚はありませんが、破産管財人をしていると、申立記録に記載されていない情報が通帳から見つかり、「通帳を見ればすぐにわかるのに」と思うこともしばしばです。確かに、細かな数字を一つ一つ確認するというのは面倒であることは否定しませんが……。

　依頼者（のちの破産者）側からすれば、積極的に隠す意図はなかったものの、申立代理人から聞かれなかったから言わなかった、というケースも多いと推察されます。これも、申立代理人が預貯金通帳の記載からヒントを得ていれば、具体的に質問することができ、情報を引き出せた可能性が高いのではないでしょうか。

数千万円規模の FX 取引が判明

　さて、私が破産管財人を務めた事件では、破産者の行っていた多額の FX 取引が、預貯金通帳から判明しました。最近ではレバレッジの規制が厳しくなり、仮想通貨に人気を奪われた感のある FX ですが、いっときは、金額の多寡はあれ破産者の多くが手を染めていたという印象です。
　このケースでは、預貯金通帳に記載のあった多額の入出金を端緒に、これとは別の口座（申立書に記載はなく、この口座について預貯金通帳は発行されていませんでした）があることがわかり、そこから芋づる式に FX の取引が明らかになりました。そこで、FX の取引記録を全て提出するよう求めたところ、大量の記録がデータで送られてきました。この破産者は、個人ではありましたが事業を営んでおり、事業用の資金（金融機関からの借入れを含む）を元手に FX 取引を行っていたのです。結局、およそ 6 年間にわたりトータルで約 6 千万円の取引を行っていたことが判明しました。

それでも免責は許可されたが

　破産者は、FX 取引について尋ねられれば正直に答えましたし、このことが手続上問題になるとは全く想像していなかったという感じで、「これまで聞かれなかったから言いませんでした」とけろっと述べていました。このときすでに取引は行っておらず、証券会社に開設したままになっていた取引口座の解約にも素直に応じました。取引中に多少の利益は上がっていましたが、当時は返済に窮していたため、そのまま返済の原資にしたとの説明で、これらの事情を総合的に考慮し最終的には裁量免責となりました。
　このケースについて、「最終的に免責になるのだったら、わざわざ手間暇をかけて調査する必要があったのか？」というご意見もあるかもしれません。しかし、免責が許可されるかどうかの判断は、可能な限り明

らかにした全ての事情を基に行われる必要があります。そのためには、申立代理人・破産管財人のいずれも可能な限りの調査を尽くす必要があると考えています。

> 体験談3

生協出資金の発見

弁護士11年目　女性

ただのお届け品の明細かと思ったら……

　ある管財事件の管財人代理に付いていた際のことです。当該破産者は自営業を営んでいて、預金の出入金がとても頻繁で、私は出入金に不審な点がないか、という調査に気を取られていた中、転送郵便物の中に、生協の宅配サービスからの通知が入っていました。

　パッと見ると、「お届け情報○月△回（C週）」などと書かれ、「たまご　10個　数量2　税込金額××円」「牛乳　数量1　税込金額××円」などと列記されていて、同回やその月の利用料の合計がいくらか、という情報が記載されており、購入内容も家庭用の食品ばかりでしたので、「食料品の購入に生協を利用しているのね」と、特に重要な情報が記載されていない郵便物のように捉えてしまっていました。

出資金のご案内？

　弁護士間の打合せの際、あらためて郵便物をチェックしていると、破産管財人を務める先輩弁護士が、私が重要でないだろうと考えていた生

協からの郵便物を熟視しています。そのうえで、「この△月ご請求時点での出資金残高って何だろうね」と。

よくよく見ると、お届け品明細、ご請求明細に加えて、「出資金のご案内」という項目が2行設けられており、出資金残高として、数万円の金額が記載されていました。

調べてみると、生協に入会する際には出資金を支払い、同出資金は1口1,000円～2,000円ですが、途中で増資することもでき、年1回、その一年間の事業運営で余剰利益が出た場合には、その一部が組合員の出資額に応じて配当されることになっていました。生協の出資金は配当がついても、口座に直接振込まれず、配当がついたら全て出資金に追加されていき、生協脱退時に出資金とともに返還されるとのことで、預金通帳の履歴からは存在がわかりません。宅配型の生協の中には、一度申請すれば定期的に増資し続けられる「積立タイプ」を採用しているところもあり、破産者本人も増資申込みをしたことすら失念していて、積立金が貯まっていることを認識していないケースも多いと思われます。

このように、生協の出資金は預金通帳の履歴などに表れず、しかも、上記のように、数字上積み上がっていくもので、退会しない限りは現金にならないので、破産者本人が意識しない間に金額が多額になっている可能性もあります。破産者が生協に加入している場合には、出資金の金額も確認した方がよいのだと、この事案でつくづく認識しました。

その事案においては、その後、破産者に出資金相当額の現金を破産財団に組み入れてもらうこととなりました。

郵便物チェックは慎重に

一見ただのお知らせに見える郵便物でも、お知らせ内容の中に、換価しなければならない財産の存在が含まれているということがあります。そのような目で、郵便物のチェックをしっかりと行うことは、基本的なことではありますが、あらためて、重要なことだと感じました。

> ワンポイントアドバイス

換価の可能性があり得る高額な資産

　事業者の破産の場合は、台帳等の確保、在庫品の換価可能性やリース品の所在の確認のため、破産管財人は就任後の早い段階で事務所や営業所、工場等に行くのが一般的です。他方で個人の破産の場合、申立代理人の立場でも破産管財人の立場でも自宅には特に行かない場合の方が多いと思います。

　しかし、個人の場合であっても自宅にある動産類の換価可能性について調査する必要がある場合もあるので注意が必要です。例えば、自動車やバイクは資産目録にも記載があるので当然に換価可能性の有無の調査をしますが、最近は軽自動車よりも高額な自転車を所有している場合があります。また、個人が絵画や骨とう品等を所持している場合もあります。バブルの時代から事業をしていたり、何世代かにわたって事業をしている方などは、昔買ったものが家に飾ってあったり、あるいは先代が買ったものが大量に保管されている場合もあります。破産者が高額で購入したものであると言うので換価可能性があるかもしれないと査定をしてみても、実際には換価価値がなかったり、仮に換価するとなると費用や時間がかかるため、結論としては自由財産にするとの判断になったりする場合も多いですが、個人であっても申立書等に記載のない換価の必要な動産が存在し得ることは念頭に置いておくことが大事です。

破産者・申立代理人との打合せの準備

　破産管財人は、破産者の資産を調査したり、換価できる資産があればそれを換価して破産財団に組み入れる必要があります。そのためには、破産者・申立代理人との打合せ前には、申立資料をよく確認しておく必

要があります。申立資料を確認して換価できる資産がある場合や疑問に感じたことなどは、打合せ時に全て効率よく聞けるようにメモなどを準備しておくとよいでしょう。ただ、破産者は、申立代理人に聞かれたことしか答えていないことが多く、その結果、申立資料に破産者の資産が全て記載がされていないこともあります。記載漏れがないかも含めて確認することになります。預貯金通帳には生活の痕跡が残っていることが多いので、預貯金通帳の記載は必ず隅から隅まで確認しておく必要があります。

また、打合せ時のときに、破産者や申立代理人に追加で依頼した資料などは、打合せ後に速やかに、メールやFAX等を送って確認しておくと、依頼した資料が漏れる可能性が低くなります。

郵便物の確認

郵便物についてもよく確認しておくことが必要となります。たまに、本人も忘れているような保険や出資金の通知などがきたりすることもあります。

行動は早めに！

照会などに時間がかかる場合もありますので、資産などが見つかった場合、すぐに、破産者・申立代理人に確認しましょう。債権者集会まで時間があるように思えても、金融機関や保険会社等に照会しているとあっという間に時間が過ぎてしまいますので、早め早めに行動しましょう。

Method 14 自由財産の拡張

▶ 事情検討は丁寧に

——自由財産の範囲の拡張について、申立代理人、破産管財人は、それぞれどのような姿勢で対応すべきであろうか。

自由財産の範囲は法律で決まっている

　破産者が破産手続開始の時において有する一切の財産は、破産財団とされており（破産法34条1項）、原則として、全ての財産が換価の対象となります。

　しかし、99万円までの現金と差押禁止財産については、破産財団に属しない法定の自由財産とされています（同法34条3項各号）。

　さらに、法定の自由財産以外であっても、裁判所によっては、換価基準を定めており、基準に基づき、換価対象外となる財産は、自由財産の拡張があったとみなされます。各地の裁判所では換価基準を定めている場合が多いです。

　また、換価基準に基づき、換価すべき財産であっても、破産法34条4項の要件に該当する場合には、自由財産の範囲の拡張が認められる場合があります。

範囲拡張のきっかけ

　破産法においては、裁判所は、破産手続開始の決定があった時から、当該決定が確定した日以後、1か月を経過する日までの間、破産者の申立てにより、又は職権で、決定で、①破産者の生活状況、②破産手続開始時の財産の種類及び額、③収入見込み、④その他の事情を考慮し、自由財産の範囲を拡張することができる旨、規定されています（破産法34条4項）。
　そして、かかる拡張の決定をするにあたっては、裁判所は、破産管財人の意見を聴かなければならないとされています（同法34条5項）。
　自由財産の範囲の拡張が、裁判所の職権で行われるケースはまず考えられず、申立代理人による申立てを契機とすることがほとんどでしょう。

拡張の要否はどのように判断されるのか

　漫然と金銭が必要というような申立てでは、自由財産の拡張は認められません。
　申立代理人としては、丁寧に、上記①から④の事情を説明する等して、破産管財人との協議を行うことが肝要です。また、申立人本人に対しては、自由財産の拡張は、限定的、例外的である旨を説明して、過度な期待をもたせないように、注意が必要なのではないかと思います。
　他方、破産管財人であれば、申立人の事情に引きずられることなく（手元に少しでも金銭を残したい事情は誰もが同じです）、上記、破産法34条4項に規定する事情①から④に即し、根拠資料と照らし合わせながら、その要否を冷静に見極める姿勢が必要となります。

換価基準の違いに注意しよう

　東京地方裁判所等では破産財団の換価基準を詳細に定めていますが、破産財産についての換価基準はないため、法定の自由財産以外について全て自由財産の拡張申立を行うよう求める裁判所もあります。各裁判所で破産の運用が異なることをしっかり認識しておかないと、不測の事態を招くことになると思います。依頼者への説明を尽くすうえでも、申立て前に該当裁判所のルールをしっかり確認しておきましょう。

> 体験談1

自営業者の事業用資産・売掛金について

弁護士12年目　男性

　私が申立人代理人として経験したのは、破産者がフリーランスのカメラマンの方の事案でした。

事業用資産について

　破産者は、個人事業主として稼働していましたが、カメラマンとしての仕事道具である撮影機材一式を所有していました。
　当然、換価すれば20万円は超えてしまうものでしたが、機材がなければその後の生活が全く立ち行かなくなることは明らかです。
　また、仮にこれらを換価しあらためて中古品を買い揃えようとしても、破産者の資力では機材一式を再度調達することは不可能でした。
　そのため、申立て時に自由財産拡張の上申をすることをあらかじめアナウンスしたうえで、破産管財人に対しては①破産者の経済的更生に必

要不可欠であること、及び、②見積書を疎明資料として提出し、換価価値も99万円をはるかに下回ることから、現金99万円が自由財産として認められることとの均衡を重視されたい旨の上申書を提出し、換価不要との判断をいただきました。

　一般に、破産者の唯一の生活の糧となっているようなものは、自由財産の拡張に積極的な事情と解されており、年金生活の高齢者が有する振り込まれた年金を原資とする預貯金等がその具体例として挙げられるようです。そのように考えれば、本件においても、撮影機材を失ってしまえば生活の糧を失ってしまうことが明らかである以上、拡張が認められてしかるべき事案であったと考えます。

　なお、振り返ってみれば、上記撮影機材一式は、民事執行法131条6号の「技術者、職人、労務者その他の主として自己の知的又は肉体的な労働により職業又は営業に従事する者（前二号に規定する者を除く。）のその業務に欠くことができない器具その他の物（商品を除く。）」の差押禁止動産に該当すると主張してもよかったのかもしれません。

売掛金について

　また、売掛金（破産開始決定時点で売上が立っているもの）についても、そのままでは第三者に対する債権として換価の対象となってしまいます。

　そこで、このケースでは、実質的には正社員・アルバイト等の給与と同様の収入であって、その均衡を考慮すべきことを強調し、事業用資産とあわせて自由財産拡張として認めてもらうことができました。

　破産者が自営業者の場合には、破産開始手続前に発生した売掛金は破産財団を構成しますが、その売掛金によって得られる収益で破産者が生計を立てていて、破産者にとっては不可欠な財産であることがあります。この場合、破産者がサラリーマンである場合との比較から、売掛金のうち破産者にとって不可欠な部分について、自由財産の範囲の拡張を認め

て破産者自身に回収させ、又は、破産管財人が回収したうえで破産者に返還するのが相当なときがあります。

> 体験談 2

破産管財人の消極意見に対し裁判所から修正意見の提出要請

弁護士 6 年目　男性

　破産者からの自由財産拡張申立に対し、破産管財人の立場から、対象財産判明の経緯等を踏まえて、消極意見を提出したところ、裁判所から修正意見の提出を促された事例を紹介します。

財団構成財産の判明

　破産管財人として、換価業務にあたっている中で、解約返戻金相当額が 200 万円を超過する生命保険契約の存在が判明しました。
　判明の端緒は、生命保険会社からの通知によるもので、もともと破産者提出の財産目録には記載がなく、破産手続開始後も、破産者からの自主的な申告（説明）のない生命保険契約でした。当該生命保険の解約返戻金額は、換価基準を超えるものでしたので、破産者へ換価（保険契約の解約）の意向を伝えました。
　生命保険契約に関しては、破産者が契約の継続を希望する場合、解約返戻金相当額を自由財産から財団組入れしてもらったうえで、破産財団から放棄するという取扱いをすることもありますが、今回のケースでは、解約返戻金相当額が 200 万円を超過しており、当該金額を自由財産から

財団組入れするということは困難な状況にありましたので、破産者から契約の継続希望は出ないだろうと想定していました。

自由財産拡張申立て

想定どおり、破産者から生命保険契約の継続希望は出なかったものの、破産者から、解約返戻金の一部の返還を求める内容の自由財産拡張申立がなされました。申立ての理由としては、破産者が高齢かつ健康上の理由で就業困難なため収入が年金だけに限られる中、生活維持のためには解約返礼金の一部の返還が必要というものでした。

破産管財人からの消極意見

破産者からの自由財産拡張申立の理由には、一応酌むべき事情も認められました。

しかし、破産管財人としては、①破産者の年齢が60代半ばで就業困難なほど高齢とはいえないこと、②引継予納金を控除しても40万円程度の自由財産が確保されていたこと、③当該生命保険契約について破産者提出の財産目録に記載がなくかつ記載がなかったことに合理的な説明もないこと、等を理由に「自由財産の拡張は不相当である」旨を記載した意見書を裁判所へ提出することにしました。

裁判所の意向を踏まえた修正意見

自由財産拡張に対する破産管財人からの消極意見に対し、裁判所からは、99万円の範囲までであれば、自由財産の拡張を認める余地もあるのではないかと示唆する意向が示され、再検討を踏まえた意見書の提出

を促されました。

　そのため、当該生命保険契約判明の経緯等からすると思うところはありましたが、結論としては、破産者にすでに確保されていた40万円程度の自由財産に加え、解約返戻金より55万円を破産者へ返還する限度で、自由財産の拡張を認めるべきとの修正意見を記載した意見書を提出しました。

　本件を通じて感じたことは、裁判所は、自由財産の拡張の場面において、「破産者の個別事情に応じた生活保障」という自由財産の拡張の趣旨を、思った以上に重視しているのだなということでした。

ワンポイントアドバイス

自由財産拡張に破産者は期待する！？

　普段、破産事件を扱う中で、申立代理人、破産管財人いずれの立場においても、自由財産の拡張に対する破産者本人の期待はかなり強いという印象を受けます。

　財産を可能な限り、手元に残したいという希望は理解できますし、実際に生活に必要な財産というケースもあるでしょう。生活費のほか、子どもの進学費用、親の医療費、介護費用等のため、どうしても拡張を認めてほしいと拡張を申し立てられることも多々あります。

　しかし、当然ながら、自由財産の範囲の拡張は、法定の要件に照らし、慎重に検討されるべきもので、単に資金が必要との理由で、安易に認められるべきものではありません。

　申立代理人の立場であれば、認められる可能性が乏しくても、一応、申立てをしようとするかもしれませんが、反面、破産管財人の立場に立てば、無茶な拡張申立てが行われようとする場合には、破産管財人は、申立代理人を通じて、又は直接に、申立人を説得することが大切な仕事

になります。

　破産法上では、裁判所が自由財産の範囲を拡張する決定を行うにあたっては、破産管財人の意見を聴かなければならない（破産法34条5項）とされていますが、裏を返せば、明らかに拡張の必要性がない申立てについては、破産管財人が自信をもって、積極的に破産者を説得することが重要な責務になるのではないかと感じます。

　十分な打合せが行われないまま、申立代理人から、自由財産の範囲の拡張申立が行われることもあり、一見して拡張の必要性がないため、裁判所との協議を経るまでもなく、申立代理人を説得し、拡張申立の取下げをしてもらうこともあります。

　あらかじめ十分な協議をしていれば、拡張申立自体を回避できたと思いますし、このような無用な混乱を招かないためにも、申立人、申立代理人、破産管財人間の三者間打合せで、拡張の必要性については、意見交換を念入りに行うべきでしょう。その際、破産法34条4項の考慮要素に即して、その要否を丁寧に検討すべきことはいうまでもありません。

Method 15 | 生命保険・私的年金

▶ 換価方法には要注意！

――生命保険・私的年金の換価について、法律、裁判例、換価基準をマスターし、適切な対応ができているであろうか。

生命保険・私的年金の換価基準

　破産法34条1項においては、開始決定時に有する「一切の財産」が破産財団となる旨、規定されています。

　したがって、生命保険・私的年金も、原則として解約・換価したうえで、破産財団に組み入れることが必要となります。

　ただし、他の資産と同様に、生命保険・私的年金については裁判所ごとに換価基準が定められており、解約返戻金が少額の場合は、換価の対象とはならず、破産財団を構成しない場合もあります。

　例えば、東京地方裁判所においては、解約返戻金の金額が20万円以下であれば、換価をしなくてよい（つまり解約せず、継続して保有してよい）という運用です。注意しなければならないのは、東京地方裁判所の場合、生命保険・私的年金が複数あり、各々単独では、20万円以下であったとしても、解約返戻金の合計額が20万円を超えていれば、全ての保険が換価の対象となってしまうことです。また、東京地方裁判所の運用では、合計額を計算する際は、生命保険、医療保険、学資保険、

個人年金、損害保険、共済等の名称に関わらず、保険契約は全て合算し、合計の解約返戻金が20万円を超えていれば、全ての保険、年金を換価しなければなりません。

契約者貸付は実務でよく登場する

時折、依頼者が保険会社から、契約者貸付を受けていることがあります。これは、解約返戻金の金額の範囲内で貸付を受けるものです。破産費用を捻出するために、契約者貸付を利用することもあります。

この契約者貸付が行われている場合は、本来の解約返戻金から貸付額を控除した額が破産財団を構成することになります。

例えば、東京地方裁判所での換価基準に従えば、解約返戻金が60万円、契約者貸付の金額が45万円で、かかる保険契約一つしか保有していない場合には、換価の必要はありません。

不測の事態を招かないため、正確に換価基準を把握しておくことが申立代理人、破産管財人双方の立場で必要です。

解約返戻金の有無、金額は、
本人の言葉を鵜呑みにしない

解約返戻金が発生するか、発生するとしてその金額がいくらになるのかについては、正確な調査が必要です。

本人が、解約返戻金がないと思い込んでいたとしても、蓋を開けてみれば、解約返戻金が存在するようなケースがあります。

申立代理人、破産管財人双方の立場において、必ず保険証券・保険約款を丁寧に確認しなければなりません。

どうしても保険契約を継続したい場合もある

保険は原則として、解約・換価が必要ですが、どうしても破産者やその家族が、保険契約を継続したいと考えるケースがあります。

この場合、例えば、破産者の親族や知人が解約返戻金に相当する額を破産管財人に支払うことで、保険契約の名義変更等を行うことができる場合があります。特に、申立代理人の立場においては、事前に、保険契約の内容、保険契約継続の意思、継続できる可能性については、丁寧に検討しなければなりません。

保険契約の継続が必要であり、かつ、解約を回避できる方法があるにもかかわらず、安易な解約を招いてしまう事態は、弁護士として絶対に避けなければなりません。

> 体験談1

破産手続開始申立前に現金化された解約返戻金

弁護士7年目　女性

申立て前の現金化

破産者の有していた生命保険を解約して、現金化し、そのうち、破産手続費用や管財費用を準備するというケースがしばしばあります。このような目的で保険が解約され、破産費用を支出する行為が、問題視されるケースは少ないといえるでしょう。

他方、破産手続費用、管財費用の支出という目的以外に、現金については99万円まで法定の自由財産として認められていることとの関係上

（破産法34条3項1号）、申立て前に生命保険を解約し、生活に必要な現金として保有しておくことを検討するケースがあります。

もともとの属性は何か

　私が弁護士になりたての頃に経験した事例ですが、40代半ばの女性から依頼を受けた案件で、申立て前に生命保険を解約、現金化したことがありました。このとき、破産管財人より、生命保険が解約され現金になっていても、実質的には、生命保険であるとして、解約返戻による現金（当該事案では、60万円程度でした）を財団組入れしてほしいと要請されました。かかる財団組入れを要請されたケースでは、破産に至る経緯の中で、破産者に換金行為が複数回あり、浪費・使途不明の出金額が多いことも当該要請の大きな要因となっていました。
　申立て前に生命保険が解約され、現金として保有している場合に、これを法定の純然たる現金として認めるべきか否かは、従前から学者、裁判所、弁護士の間でも議論されています。
　99万円までの現金が法定の自由財産として扱われているとの均衡から、現金として取り扱ってもよいのではないかとする見解も確かにある一方で、もともとの属性を重視し、もし解約や現金化をしなければ保険契約として残存していたことを理由に財団組入れされるべきとの見解もあり、財産の散逸を防ぎ、債権者の公平を実現するという見地からは、かかる考えは、当然のようにも思われます。不動産や、自動車等についても同様のことがいえるのかもしれません。

申立代理人としての姿勢

　私の経験した事例や、上記のとおり議論されている状況からも、申立代理人としては、現金99万円は自由財産という言葉尻にとらわれては

いけません。

　財産の散逸を防ぎ、債権者の公平を確保する見地からは、申立代理人としては、生命保険はそのまま破産管財人に引き継ぐのが基本ですし、すでに解約がなされ現金になっていたとしても、もともとの属性が保険であることが重視され、組入れを要請される可能性が十分にあることについて、申立代理人は、本人に事前に丁寧な説明をしておくことが必要ではないかと思います。

体験談 2

私的年金契約の民事執行法 152 条 1 項該当性

弁護士 6 年目　男性

私的年金契約

　破産管財人として換価業務にあたっている中で、破産者名義の私的年金契約がありました。

　私的年金契約は、生命保険契約の一種で、所定の年齢から毎年一定額の年金が支払われることになっています。また、保証期付終身年金契約の場合は、保証期間中は生死に関わりなく一定額の年金が支払われ、保証期間後も、被保険者が生存している間は終身にわたり一定額の年金が支払われます。

民事執行法 152 条 1 項の定める差押禁止債権

民事執行法 152 条 1 項は、「債務者が国及び地方公共団体以外の者から生計を維持するために支給を受ける継続的給付に係る債権」（同 1 号）について、その 4 分の 3 に相当する部分の差押えを禁止しています。

私的年金契約に基づく継続的な年金の支給が、民事執行法 152 条 1 項 1 号の規定する「継続的給付に係る債権」に該当するか否かについては争いがありますが（最高裁判所による判断はありません）、リーディングケースとなる大阪高決平成 13 年 6 月 22 日判例時報 1763 号 203 頁〔28062196〕においては、「民事執行法 152 条 1 項に定める継続的給付に係る債権には、生命保険会社等との私的年金契約による継続的収入も含まれるが、生計維持に必要な限度で、現に年金として支給が開始されているものに限られると解するのが相当である」とされ、限定的ではありますが、私的年金契約に基づく継続的な年金の支給が、差押禁止債権に該当する場合のあることが判示されています（事例判断としては差押禁止債権への該当性を否定）。

民事執行法 152 条 1 項該当性の検討

問題となった私的年金契約では、すでに年金の支給が開始されていたため、上記の裁判例を踏まえると、民事執行法 152 条 1 項の差押禁止債権に該当する余地がありました。

そこで、破産管財人としての方針を検討することになりましたが、破産者には公的年金等の一定の収入があり、その生活状況に鑑みると、当該私的年金が、破産者の生計維持に必要不可欠とは判断されなかったため、当該私的年金契約は民事執行法 152 条 1 項には該当しないものと判断して換価を進めたいとの意向を、裁判所へ打診することにしました。

しかし、裁判所からは、慎重な意向が示され、上記裁判例の事案との対比も含め、個別具体的な事情をより精査することを促されました。

裁判所に促されての再検討

そこで、上記裁判例を再検討することになったのですが、同裁判例は、「生活保障に最低限必要なもの以上に差押禁止債権の範囲を広げることは、……著しく債権者の権利を害することになる」とし、「貯蓄目的の保険契約」といえるような場合には、差押禁止債権への該当性を制限的に解釈する方向性が読み取れました。そして、「貯蓄目的の保険契約」といえるかどうかの判断要素として、具体的に、①いわゆるバブル経済の最盛期に締結された契約であること、②保険料に比して高額の年金保険が支給されること、③保険料が一括前納されていること等の摘示がなされていました。

そこで、保険会社に対し保険契約時期等について問い合わせたところ、結果は、①「いわゆるバブル経済最盛期に締結された契約であること」、②「保険料に比して高額の年金保険が支給されること」、③「保険料が一括前納されている」というように、まさに裁判例の場合と同様の事情が存在することが明らかになりました。

以上の問い合わせ結果も踏まえ、再度裁判所に対し、当該私的年金契約が「貯蓄目的の保険契約」であると判断されることを強調し、予定どおり当該私的年金契約は民事執行法152条1項には該当しないものと判断して全額換価を進めたいとの意向をあらためて裁判所へ打診したところ、今度は、裁判所からもこの方針への異論は出ませんでした。

換価にあたっての考え方

この事例の当時は、まだ破産管財人としての経験も浅く、「換価可能性のあるものは何がなんでも換価する」という意識が先走っていた時期だったと思います。

破産管財人の立場では、換価可能な財産に関して、常に積極的に換価を実行することが求められるのは当然ですが、破産裁判所としては、差

押禁止債権を規定する法の趣旨(債務者の最低生活を保障するという社会政策的配慮等)にも常に配慮しているのだということを、意識させられた事例でした。

体験談 3

差押禁止債権の理解が……

弁護士9年目　女性

差押禁止債権についての理解不足

　いうまでもないことですが、破産管財人の主な業務に破産者の資産を調査し破産財団に属する財産を換価し、破産債権者に配当することがあります。
　そして、破産財団は、破産者が破産手続開始の時に有する差押可能な一切の財産からなるもので、逆にいえば、破産者が破産手続開始の時に有していた財産であっても、差押えが禁止されている場合には、破産財団を構成しないことになります。
　もちろん、このようなことは基本中の基本であり、このことを知らない破産管財人はいないはずで、差押禁止の動産及び債権については、民事執行法131条及び同法152条に規定されており、私も当然知ってはおりました。しかしながら、私はそれ以上のことについては、当時あまり勉強しておらず、恥ずかしながら差押禁止債権についての正確な理解が不足していたと反省しています。

確定拠出年金って？！

　私が破産管財人として業務にあたっていた際、破産者への郵送物から破産者が「個人型」の確定拠出年金に加入していることがわかりました。当時、私は確定拠出年金について、加入者が毎月掛金を積み立て運用するものという程度の知識しかなく、また、「個人型」と「企業型」という２つの種類があるという程度のことしか知りませんでした。

　そして、保険契約に基づく解約返戻金に関して、例えば個人年金等の名称でも（裁判所ごとの運用により一定金額以下のものは換価を要しないということはあるにせよ）、基本的には破産財団を構成するのであるから、企業型の確定拠出年金とは違い、個人型の確定拠出年金は個人年金という名称の保険と同じようなものと安易に考え、きちんと調べることもなく、申立代理人に換価の連絡をとるために電話しようとしてしまいました。ただ、本当に幸いなことに代理人が不在であったために、その日は話ができませんでした。

法律を調べるのは破産管財人としては当然の大前提

　私は、自分がきちんと調べようともせずに何となくの感覚で申立代理人と話をしようとしていたことを恥ずかしく思い、書籍等を調べると、確定拠出年金法32条１項（同法73条で個人型に準用）に差押禁止債権として明記されていました。普通の管財人なら当然のことであったのかもしれませんが、私はこの時まで正確な条文を知らず、条文を調べようとすらしないで対応を進めようとしていたのであり、一歩間違えればとんでもないことになるかもしれませんでした。

　このとき以後、そのような怠惰な姿勢では臨んでいないと自負はしていますが、私がそのようなことになってしまった原因の１つに、破産管財人になり調査権限を有していたことにより、申立代理人に対して何か偉くなったような勘違いがあったのではないかと今でも反省しています。

> ワンポイントアドバイス

契約の名義と実際の保険料負担者が異なる場合

　普段、破産事件を扱う中で、保険契約については、保険料を実際に支払ってきた者が、契約者本人と違うというケースが多々あります。

　例えば、保険契約の名義が破産者本人であるにも関わらず、実際の保険料を支払ってきた者が破産者の父母などの親族であるような場合です。

　このように、保険料の負担者が、契約者と異なる場合に、当該保険契約は、破産財団に属しないのではないかと、申立人側から主張されることがあります。

　『破産管財の手引〈第2版〉』188頁によると、最終的には、①保険契約を締結した事情、②保険契約を破産者とした理由、③破産者の関与の程度、④保険料を誰がどのような財産から負担したか等の事情を検討のうえ、具体的な問題ごとに妥当な解決を図ることとなるとされています。

　実務上は、まずは、上記①から④の事情を丁寧に、ヒアリングしたうえで、妥当な解決を図るべく裁判所と協議することが必要になります。

　定期預金の場合とは異なり、実際の負担者が権利者とすぐに確定できるわけではない点にも注意が必要です。

生命保険契約多数のケース

　破産者の生命保険契約の内容は、申立て時における財産目録上での申告内容や添付資料から把握できることもありますが、預金通帳を確認していたところ発見される場合なども多々あります。

　契約が一つであれば、「この毎月○○生命から△△円引き落とされているのは、○○生命との間で生命保険契約があるからではないです

か?」と指摘するなどして、申立人本人から契約内容の詳細の説明や解約返戻金に関する裏付資料の提出を求めるのが通常です。しかしながら、なかには、同じ生命保険会社からの引落しでも、毎月異なる金額で複数の引落しがあったり、さらには、引落し額が途中で変更になっていたりすることがあります。その場合には、本人に問い合わせをしても、間違った回答が返ってきたり、漏れが出てきたりしてしまうことがあります。

そのために、生命保険契約が多数のケースでは、直接、保険会社に対し、破産管財人として契約内容の照会をかける場合の必要書類(破産手続開始決定の写しと印鑑証明などを求められる場合が多いです)を確認し、文書で、「破産者と貴社との間で契約のあった生命保険契約全てについて、証券番号、保険契約内容(保険種類、被保険者、受取人、保険金額、保険料払込期間、払込方法・回数、保険料等)をお知らせください。同期間内に保険契約の変更があった場合には、いつ、どのような内容の変更があったのかについても、あわせてお知らせください。契約者貸付がなされている場合には、その内容(貸付時期、貸付金額、返済時期、返済額、残金等)もお知らせください」などと照会をかけ、直接保険会社から回答をもらう、という方法をとることを検討すべきです。さらに、「解約されている契約があれば、解約時期、解約返戻金の額、支払方法(振込みの場合は振込み時期)をお知らせください」、「継続している契約であれば、当該契約についての解約返戻金計算書をご提出ください」と記載して照会をかけると、一度に破産財団に組み入れるべきものの有無及び金額も確認することができます。

Method 16 | 不動産の売却

▶ 誰か早く高く買ってくれませんか？

――破産者が不動産を所有している場合、それが処分可能なものか、処分可能だとすると、処分にどのような段取りが必要となるのか、早期にめどを立てられるようにしよう。

　破産者が不動産を所有している場合には、申立てにおいても、管財業務においても、その処分をどうするかという点については、早期にめどを立てる必要があります。

管財か同時廃止か

　破産管財人が換価・処分すべき財産を破産者が有している場合には、破産手続は、管財手続となります。
　そのため、動産を所有している者について申立てをすると、管財手続となります。

オーバーローン

　不動産に抵当権等の担保権が付されており、その被担保債権額が不動産の価値よりも明らかに高い場合（オーバーローン）には、その不動産を債務者の資産とは評価せず、同時廃止手続とする取扱いがなされています。

　東京地方裁判所では、破産者が所有する不動産に抵当権等の担保権が付されている場合、当該不動産の価値に比べ、非担保債権の額が1.5倍を超えるときは、その疎明をすることにより、当該不動産について、債務者の資産として扱わないとされています。そのため、申立代理人としては、債務者が不動産を所有している場合には、残ローン等被担保債権の額を調査するとともに、不動産の価値を把握する必要があります。

　不動産の価値の把握の方法としては、複数の不動産業者から査定を取得するのが一般的です。

申立てにあたって

　上記のとおり、不動産を所有したまま申立てをすると、管財手続となります。管財手続は、予納金の負担や、破産手続自体が長期化する可能性があるので、他に問題がなければ、申立てに先立って不動産の任意売却ができないか検討しましょう。

　なお、明らかなオーバーローンの事案であっても、申立て前に好条件で任意売却ができるのであれば、その検討をすべきことはもちろんです。

任意売却にあたって注意すること

　任意売却にあたって気をつけなければならないのは、申立て後に、売却価格が不当に安いなどの指摘を受けないことです。

そのためにも複数の不動産業者から査定を取得し、その価格よりも高い金額で売却するようにしましょう。
　また、売買代金をもって被担保債権全額の弁済に至らない場合には、担保権者と交渉し、確実に担保権登記の抹消に応じてもらう必要があります。
　さらに、売買が決まっても明渡しができなければ、売買契約自体が解除等されてしまう可能性があるので、費用の点も含めて、確実に引越しができるよう準備を進める必要があります。そのため、担保権者との交渉において、債務者の片付けや引越しにかかる費用相当額を減額してもらう交渉をすることもあります。
　任意売却にあたっては、債務者の親族等関係者が不動産を購入することもあります。もっとも、その場合には、第三者が購入する場合よりも、価格が適正かという点についての評価は厳格になると思われます。
　そのため、親族が購入を希望する場合には、あえて、申立て後に破産管財人の関与のもと売買を行うということも考えられます。

管財業務

　破産管財人としては、破産者所有の不動産がある場合、まずは、当該不動産が処分可能なものなのか見極める必要があります。早期に不動産業者に見てもらうのがよいでしょう。また、破産管財人自身が現地の確認をすることも検討しましょう。
　評価がつかないなど売却が難しい物件については、売却にこだわるあまり、徒に集会期日を重ねる可能性もあります。そのような事態を防ぐため、早期に売却の可否のめどをつけて放棄の検討をすることも必要です。
　売却先については、不動産業者に依頼するとともに、破産者の関係者も含めて、購入希望者がいないか、広く情報を集めましょう。
　売却を進めるにあたっては、別除権者と協議を行い、弁済にあたって

必要な経費を控除してもらう必要があります。破産財団への組入れについても理解してもらう必要があります。

　実際の売買の場面では、代金は一括決済とし、また、破産管財人が瑕疵担保責任を一切負担しない旨の特約を忘れずに付す必要があります。破産管財人としては後から瑕疵の指摘を受けたとしても、何ら対応のしようがありません。

　売却が決まっても、破産者自身の引越しが完了しないために、引渡しができないということもあります。破産管財人としては、処分の可能性がある場合には、早い段階から破産者に対して引越しのめどを立てるよう説明し、説得する必要があります。

体験談１

不動産の任意売却の流れとポイント

弁護士８年目　男性

破産者が不動産を所有する場合の初動

　不動産を所有する破産者の破産管財人に選任された場合、まず当該不動産が任意売却可能か否か検討する必要があります。

　具体的には、申立書に添付された物件の査定書（通常は２社以上の不動産会社の査定書が添付されているはずです）や当該物件に付された別除権の被担保債権額等を確認し、短期間で売主を見つけたうえで別除権者の協力を得て当該物件を任意売却することが可能か否か、任意売却までの期間が不当に長期にわたることがないか等を速やかに検討する必要があります。

　特に、不動産に関する固定資産税は毎年１月１日時点における登記名

義人に請求されることになりますので、破産開始決日が年末に近い事案では、より迅速な判断が必要です。

不動産の任意売却の流れ

　管財事件における不動産任意売却の流れは、一般的に以下のとおりです。
　①　買主候補者の選定（不動産業者への依頼）
　②　買主候補者との売買条件交渉・調整
　③　別除権者との財団組入割合に関する交渉
　④　配分案の作成と裁判所への許可申請
　⑤　決済・財団組入額の受領

任意売却のスピード感

　破産管財人の任意売却においては、とにかく「スピード感」が最も重視されます。そのため、上記のうち①と②の段階でいかに急げるかが勝負の分かれ目です。
　例えば被担保債権額より高い金額で売却できることがほぼ確実な物件（例えば、流動性の高い東京都内の駅近マンションでかつ購入から長期間が経過している物件）であれば心配は少ないのですが、一般的に破産者が所有する物件は一筋縄ではいかず判断に迷う物件も多いため、少しでも早く買主候補者の選定に着手することが重要です。具体的なイメージとしては、破産手続開始決定前の破産者との事前面談の時点で任意売却の可否の目星をつけておき、開始決定と同時に信頼できる不動産業者に依頼するといったスピード感で進める必要があるでしょう。
　また、依頼する不動産業者もしっかりと選定する必要があります。任意売却に慣れていない不動産業者の場合、一般的な物件と同じようなス

ピード感（非常に遅いスピード）で対応されてしまうことがありますし、なかには買主側から仲介手数料をとるために自社の直接の顧客の中から買主候補を探そうとして結果的に時間がかかってしまうような業者もいるため注意が必要です。そこで、不動産業者に依頼する際には、できるだけ管財人の任意売却事案に慣れている業者を選定し、「第１回集会期日が○月○日なので、○月○日までに決済を終える必要があります。そこで、○月○日までに買主候補を見つけてください」などのように具体的な日時を区切って依頼することが望ましいです。

任意売却における売却金額

　また、破産管財人としては、スピード感のみならず可能な限り売却金額を高くするための努力も怠ってはいけません。常に誰に売却すれば最も高く売れるかを考え、決して不動産業者任せにせず時には自分で売り先を探すことも必要です。

　経験上、田舎の土地や工場跡地等の流動性の低い不動産の場合には、不動産業者のネットワークで広く買主候補を探すよりも、破産者（代表者）の親戚・友人や近所の住民等に直接打診をした方が早く高く売れることがありますので、検討するとよいでしょう。

　また、債権者集会までに、ある程度時間がある場合には、できるだけ不動産の仕入れ業者ではなくエンドユーザー（実際に物件に住むことを前提に購入する人）を探した方が高く売れる傾向があります。そこで、ある程度余裕がある段階で一度仮期限を決め、仮期限まではエンドユーザー限定で買主候補を探し、仮期限を経過した後は不動産の仕入れ業者も対象に含める、といった探し方も一つの有効な作戦です。

まとめ

　上記のとおり、破産管財人の不動産任意売却では第一にスピード感が求められ、スピード感の中で可能な限り売却金額を高くすることになります。最初のうちはバランスのとり方が難しいかもしれませんが、信頼できる複数の不動産業者に見立てを詳しく聞き、少しでも多くの情報収集をすることで適切な処理ができるようになると思います。

体験談2

未分割の遺産を見逃すな

弁護士7年目　男性

個人の管財事件

　個人事件の管財事件を担当したときの話です。
　事案としてはごく一般的な個人破産の申立てで、申立資料を確認する限り、予納金だけでその他に破産財団を形成できそうなものもなく、免責だけが問題になるような事案でした。
　申立資料を確認したところ、破産者は実家に住んでいるようでした。
　破産手続開始決定前に破産者本人と申立代理人とで面談をしたところ、現在居住している家は父が購入したものであるが、父はかなり前に亡くなっており、母名義になっていると思うとのことでしたが、詳細はわからないということでした。

居住地の登記簿謄本の取得

　申立書には未分割の遺産はないと申告がされていましたが、上記の話を聞く限りでははっきりわかりませんでしたので、申立人と申立代理人には、父が亡くなった際の遺産分割協議書を探してもらうこととし、取り急ぎインターネット上で申立人が居住する自宅の不動産登記簿謄本（登記情報）を取得してみました。
　そうすると、自宅の土地建物は申立人の父の所有名義のままであり、相続登記がされていないことがわかりました。

相続分相当の共有持分の処分

　そうすると、破産者としては自宅の土地建物に対する共有持分があり、仮に遺産分割協議があって母や他の相続人が全て取得していたとしても、未登記である以上、破産管財人にかかる遺産分割を対抗できないことになってしまいます。なお、遺産分割協議に基づいて不動産登記がされていたとしても、かかる登記自体が否認の対象となる可能性があることにも注意が必要です。
　本件においては、申立人のほか、相続人が数名いましたが、自宅土地建物の相続人の相続分だけで考えても、相当高額な評価となり、裁判所とも協議をしましたが、ほぼ市場価格で処分せざるを得ないという結論になりました。
　最終的には、申立人の兄弟に申立人の相続分相当の価格で買い取ってもらうことになりましたが、買い取ってもらうための金額について裁判所からの許可を得たうえで進め、また買い取ってもらうための金員を準備してもらうために、兄弟に融資を組んでもらうことになりましたので、これらの対応を行うために時間を要し、債権者集会を複数回開催しました。
　仮に親族に買い取ってもらうことが不可能であれば、業者への入札を打診することになりますが、そうすると、自宅土地建物の持分を第三者

が所有することになり、所有者としては、共有者に対して持分に応じた賃料相当分を支払わなければならなくなります。

　申立て前に十分に登記などを確認していれば、事前に持分の買取り等について準備をすることができたと思いますが、申立て後に発覚した事情であるため、ケースによっては親族の資力などにより買い取ってもらうことができないこともあろうかと思います。

　そうすると、申立人自身だけでなく、申立人の親族に対しても不利益な事態が発生してしまうことになるので、申立て前の調査が必要であることを感じた事件でした。

ワンポイントアドバイス

配当と迅速な処理の要請のバランス

　破産管財人として破産財団を換価して債権者に配当することは非常に重要ですが、それと同時に手続の迅速な処理も求められ、このバランスがまだ管財業務に慣れていないときは非常に難しいかもしれません。

　具体的には、破産財団に不動産がある場合、破産管財人としては当然換価することになります。ここで、簡単に売却できる土地であれば問題はないでしょうが、相当期間換価の努力をしたにもかかわらず売却できないような場合には、破産財団から放棄するタイミングを見極める必要があり、まさにバランス感覚が問われることになります。こればかりは一律にこのタイミングが正解というものはなく、最終的には経験を積んで感覚を磨くしかないのかもしれませんが、常に、換価による多くの配当を実現させるという要請と迅速な処理の要請のバランスという視点を忘れずに対応にあたることが重要になります。もちろん、放棄のタイミングに迷う場合には、裁判所への相談や協議を怠らないようにする必要があります。

Method 17 | 在庫保全

▶ **在庫を制する者は
管財業務を制する（？）**

――法人破産の場合、当該法人が多数の在庫を有していることも多い。また、その在庫は倉庫にまとめて保管されているとは限らず、売場や店舗などに点在していることもある。破産管財人にとって、在庫保全に万全を期すのは破産財団形成に向けた重要な第一歩であるが、どのようなことを心がける必要があるだろうか。

現場の保全

　破産法79条は、「破産管財人は、就職の後直ちに破産財団に属する財産の管理に着手しなければならない」とし、破産管財人には、破産財団に属する財産の管理に直ちに着手すべき職責がある旨定めています。
　混乱が予想される破産手続開始決定発令直後において、在庫を含めた財産の散逸を防止するには、何よりも初動、すなわち在庫が保管されている本社や営業所、倉庫等に行ったうえで、告示書を貼付し、施錠を行うなどの対応が重要となります。在庫を営業所に長く留め置けない事情がある場合には、破産管財人が管理が容易な場所への発送手続を行うなどの対応が必要となることも考えられます。

このように、初動で在庫管理を徹底するためには、開始決定の発令前からしっかりと在庫の所在状況等を確認したうえで、開始決定直後にどう動くかスケジュールを想定しておくことが重要です。

営業所が複数ある場合

　営業所が複数ある場合には、破産管財人代理や破産管財人補助を置いて、複数の弁護士によるマンパワーを用いることも考えられますが、事案の規模によっては、そうしたマンパワーを用いることは困難かと思います。そのような場合には、法人の代表者や信頼のおける役員・従業員の協力を得たうえで、営業所ごとに担当者を決めて対応することも考えられます。

　また、破産管財人としては、申立代理人に対して協力を要請することも考えられるところです。申立代理人としても、申立てまでで業務終了などと考えるのではなく、特に発令直後においては積極的に破産管財人に協力をして、破産財団の維持・形成の一助を担う意識が求められるところです。

　営業所が複数の場合こそ、スケジューリングが大変重要になります。現場に臨場して保全を行うメンバー間で、発令直後の動き方のシミュレーションをあらかじめ行っておくことが非常に重要です。

商業ビルやデパート内の店舗

　商業ビルやデパートにテナントとして売場を展開している場合、在庫商品の保全のためにディベロッパーやデパートの協力が必要な場合があります。

　申立代理人や裁判所と調整したうえで、ディベロッパーやデパートに伝達するタイミングを図り、開始決定発令直前に伝達したうえで、在庫

をバックヤードに下げて保管してもらうといった対応をすることが考えられるところです。

なお、申立代理人側の視点では、申立て前の段階から、発令後の在庫管理がスムーズに運ぶよう破産管財人候補者との間で発令前後の役割分担や動き方の調整を行ったり、開始決定の発令時間を調整してもらえる裁判所の場合には、裁判所と事前協議のうえで商業ビルやデパートの閉店直前の時間に発令を受けることも考えられるところです。

足の早い在庫、季節性のある在庫はスピード勝負

生鮮食料品などの足の早い在庫は、まずもって価値を維持するために、従前の保管環境を維持する必要があります。そのためには、電気や水道等の供給が継続されるよう対応しつつ、迅速に換価業務を進めることになります。同業者や取引業者など複数社に在庫換価処分の意向を伝えたうえで、複数の金額提示を受け、支払日などの条件をも考慮したうえで早期換価を心がけることが重要です。

衣料品などの季節性のある在庫もこの点は同様です。

申立代理人と破産管財人の協働を

開始決定直後の混乱を避けつつ在庫の早期保全を図るには、申立代理人の協力が不可欠です。開始決定後、スムーズに破産管財人に引継ぎをし、場合によっては破産管財人と申立代理人が協働して対応できるよう、申立代理人側にも開始決定発令前から在庫管理までを見越して、破産管財人候補者への事前相談等を行うことが重要です。

体験談1

書店の破産で在庫書籍の処分が問題に

弁護士7年目　男性

書店の破産

　破産管財人の業務もある程度経験を重ねてきた頃のこと、私は書店を経営する法人とその代表者の破産事件を担当することになりました。
　店舗の営業はすでに停止されていましたが、店舗には在庫商品が残っていました。書店の破産ですので、在庫商品は当然「書籍」ということになり、その処分（換価）が問題となりました。

再販売価格維持制度

　私的独占の禁止及び公正取引の確保に関する法律上、メーカー等が製品の定価を決定して小売店での再販売価格を拘束することは原則として禁止されますが、書籍については、出版社が書籍・雑誌の定価を決定し、小売書店等へ定価販売を求め再販売価格を拘束することが認められています（再販売価格維持制度）。
　書籍について、再販売価格維持制度が認められていることはもちろん知っていましたが、書籍販売においては、「委託販売方式がとられていて、書店で売れ残った書籍は取次に返品され、書店には在庫リスクがない」といった話もよく耳にしていました。そのため、在庫書籍は取次に返品すればよいのだろうと、当初は考えていました。

取次との再販売価格維持契約

　管財業務に着手し、実際に破産者（書店）が取次と取り交している契約書等を確認することになりましたが、取次と破産者（書店）との間で取り交わされていたのは、所有権留保付きの売買を定めた（返品の定めはあり）「基本契約（取引約定）」と定価販売を義務付ける「再販売価格維持契約」でした。

　取次との契約は、形式的には委託販売契約というわけではなかったものの、基本契約（取引約定）の中に返品規定があったため、原則的には在庫商品は返品すればよかったのですが、返品期間が経過してしまった書籍も一部存在しました。そのため、当該書籍については、返品不可の在庫商品として、破産管財人による処分（換価）が必要となりました。

　そこで、在庫商品（書籍）の換価（売却）を検討することになったのですが、上記の「再販売価格維持契約」が存在するため、単に古書店に買い取ってもらうというわけにはいかず、そのままでは事実上処分（換価）不可という状況でした。

　そこで、取次に対象書籍の値引き販売について了解を求めてみることにしたのですが、取次からは特に反発はなく、比較的スムーズに値引き販売への了解は得られました。

在庫書籍の換価（売却）

　取次から値引き販売への了解が得られたため、在庫書籍の売却のため古書店に買取りを打診することにしたのですが、取次への返品期間が過ぎているような在庫書籍は、実際には古書店での買取り価格もほとんど付かないのが実情でした。

　結果、低額ながら買取り価格が付いたものは売却できましたが、買取り不可の書籍も多く、そうした書籍は結局廃棄処分するしかありませんでした。

この事案のように、「再販売価格維持制度」が認められる商品の処分（換価）が問題となる場合には、定価販売を義務付ける「再販売価格維持契約」が必ず存在するはずですが、取次や卸売等から値引き販売の了解を得ることが必ずしも難しいとは限らないことを経験しました。破産管財人としては、換価の可能性を安易に否定することなく、常に換価の余地を探ることが大切であることを認識させられた経験でした。

体験談 2

倉庫業者の留置権との調整

弁護士6年目　男性

小売業者の破産申立事件

　小売業者の破産申立をすることになった事例での体験談です。
　破産者は、販売店を自社で運営しており、複数店舗があったため、商品は倉庫に保有したうえで、本店の指示に基づき、商品は倉庫から各店舗に配送される仕組みを用いていました。
　そのため、商品のほとんどは倉庫に保管されていました。また、倉庫業者は、申立人の指示に従い、商品の発送等も行っていましたので、実際には寄託契約と業務委託契約が混在したような契約になっていました。
　申立人側としては、申立準備と並行して、倉庫に存在する商品を処分し、引継予納金に充当したいという希望でしたので、こちらもその方向で準備をすることにしました。

倉庫業者との交渉

　実際に私が受任通知を発送し、債権者対応を進めながら倉庫内の商品についても申立人の代表者から聴取をし、買取可能な業者や取引先をあたっていたところ、それなりの値段が付きそうなことがわかりました。

　そこで、倉庫業者に連絡をとり、商品の搬出について調整をしようとしたところ、保管料等の未納代金があり、これらの代金を支払ってもらえなければ商品の搬出を認めないと言われました。

　この点、倉庫業者としては、商事留置権を行使し、保管料の支払いを受けるまで、商品全部の代金の支払いを拒むことが可能です。

　また、上記の商事留置権は、破産手続開始後に先取特権に転化するため、破産手続によることなく行使することが可能になります。

　そうすると、こちらとしては商品を安価に処分されてしまい、あてにしていた引継予納金が確保できなくなってしまいます。また、倉庫業者との寄託契約が解除できなければ、申立て後も保管料が発生し続けて財団債権が増えてしまいますし、倉庫に保管している商品も処分することができません。

　そこで、一刻も早く寄託契約を解消するため、最終的には、倉庫内にある商品の処分について複数の業者に買取価格を提示してもらい、高額の申出をした業者に売却し、売却代金から倉庫業者に保管料を払い、商品の運び出しと廃棄（価格の付かない商品について、廃棄料金を含んだ売却代金を提示してもらいました）をしたうえで、倉庫業者との寄託契約を解除することで合意しました。

　商品の買取りに名乗り出た業者の中には、実際に締結した価格よりも高額の申出をした業者もいたのですが、代金の支払い時期が2か月後であり、倉庫業者への弁済資金が確保できないなど、破産を前提に考えるとそぐわなかったので、他の業者に買い取ってもらうこととしました。

　破産事件においては、早期の申立てが要請されますが、一方で破産申立後にできるだけ破産財団を減少させることのないように配慮した事件対応も必要であると思います。

> ワンポイントアドバイス

季節性のある商品や生鮮品の在庫処分について

　破産財団形成の観点から、賞味期限のある食品類、季節物商品、流行性のある衣服などは、売買時期を失しないように注意する必要があります（『破産管財の手引〈第2版〉』181頁）。

　まずは帳簿を確認して在庫商品の有無を確認することになりますが、さらに、当該在庫商品の保管状況（例えば、生鮮品の場合には保冷庫の通電状況等）、当該在庫商品に季節性や流行性等があるか、売買に適した時期及び販路があるか等について、当該在庫商品のことをよく知る法人代表者や従業員等にヒアリングすることが重要となります。販路となる取引先への紹介や、即売会の実施等について協力を求めることも考えられるところです。

　なお、生鮮品の場合、仮に賞味期限内であっても、販売することで事故が発生する危険がある場合には、換価が可能であっても廃棄処分を選択することが適切な場合もあります。そうした判断を行うためにも、ヒアリング、そして現地調査を通じて、在庫商品や保管状況の実態を十分に把握・認識しておくことが重要です。

Method 18 破産者が使用していた自動車

▶ 換価か放棄か見極めは素早く

――破産手続開始決定前後、本人から、どうしても自動車を利用する必要がある旨の申出があった場合、どのように対応すればよいだろうか。

所有自動車の換価

　破産者が所有している自動車は換価の対象となりますが（破産法34条1項）、年式が古い等、処分見込みがない車両等については破産財団から放棄するケースもあります。

　現在では、インターネット等で簡易な評価をすぐに取得することができます。申立代理人としては、2、3社の査定書を用意し、破産管財人に引き継ぎましょう。

　なお、東京地方裁判所においては、処分見込額が20万円以下の自動車は換価も廃車手続も不要とされており、減価償却期間（一般的に、普通乗用車は6年、軽自動車・商用車は4年）を経過している場合は、無価値として査定の必要もないことになっています（『破産管財の手引〈第2版〉』141頁参照）。

所有権留保等が付いているケース

　破産者が使用している車両であっても、所有者が破産者であるとは限りません。
　所有権留保が付いている場合や、リース契約となっている場合があるからです。
　自動車の権利関係を正確に把握するためには、まず車検証を確認することから始まります。その他、自動車の購入時の売買契約書があれば、そちらも確認しましょう。
　所有者が誰か、契約がどのようになっているのかにより、対応が変わってきます。
　所有権留保付の場合は、処分価格の範囲内で残債務を完済することが可能であれば、売却することになります。他方、残債務の方が処分価格より高額であれば、取戻権を承認して、留保所有権者に自動車を引き渡すことになります。

運行供用者責任に要注意！

　自動車の扱いとして必ず注意しなければならないのが、運行供用者責任の発生リスクです。
　特に、破産管財人の立場から注意が必要なのですが、破産手続開始後に当該車両による交通事故が発生した場合、交通事故による運行供用者責任（自動車損害賠償保障法3条）の負担リスクを負うことになるため、自動車の処理が完了するまで、自動車の使用を絶対に禁止する必要があります。

自動車は使用させない

　破産手続の開始決定前後において、破産者やその家族から、車両がないと生活ができないとして、使用の必要性を強く訴えられることは少なくありません。

　しかし、運行供用者責任のリスク回避からは、少しくらいよいかと許容してはならず、車両を使用させないことについて、徹底すべきです。

　申立代理人としては、申立ての際、鍵を一早く預かること、破産管財人としても速やかに鍵の保管を引き継ぎ、現在、車両がどこに保管されているのかを正確に把握することが大切です。名義変更等の処理手続が完了するまで、絶対に車両を利用してはいけない点を、最初の打合せ時に繰り返し注意喚起しましょう。

体験談 1

車両は高く売れることがある

弁護士 8 年目　女性

車検切れの車両

　法人と個人の破産申立の破産管財事件で、換価財産もなく、予納金が 20 万円の事件での経験です。破産者、申立代理人と打合せをした際、特に換価できそうな資産はありませんでしたが、破産法人所有の車両がありました。その車両は、すでに、初回登録から 23 年も経っており、車検も切れたままの状態で、2 年ほど破産者の実家の近くの駐車場に置いてあるとのことでした。破産者も申立代理人も、車検が切れている状態に加え、かなりの期間駐車場に放置していたため錆も酷く、走行もで

きない状態であり、価値がないので処理に困っており、破産手続の中で処分をしてもらえないかとのことでした。

　鉄くずとして引き取ってもらおうかと考え、業者に引取りの連絡をしたところ、車検が切れており、自走ができないのであれば、費用が数万円はかかると言われてしまいました。そこで、破産財団から車両を放棄して、後は破産者に処理を任せようかとも考えました。申立代理人に、放棄した場合には処分することができるかを問い合わせたところ、放棄されても処分費用ができないので、このままの状態となってしまうとのことでした。とはいえ、破産管財人の立場としては、放棄もやむを得ないかと考えていました。

クラシックカーは壊れていても価値がある

　車両がクラシックベンツでしたので、どれくらいで取引されているのかをネットで検索してみたところ、状態がよければ数百万円で取引されているようでした。そこで、業者に連絡をして、車両を実際に確認してもらったところ、修理ができていれば買い取れる可能性があると言われましたが、その業者は修理はしていないとのことでした。

　そこで、クラシックベンツを扱っている業者に絞って数社、当該車両の買取りを打診してみました。そうしたところ、買い取りたいので、是非現物を見たい旨の連絡が4、5件ありました。時間をずらして、買取りを希望した業者に当該車両を見てもらい、数日後に、各社に入札金額を出してもらい一番高いところに売却することとなりました。

　入札の最高価格が210万円で、その金額を出した業者に車両を売却することとなりました。その際、その業者から、買取り後に盗難などあっては困るとのことで引渡しをひどく急がされました。車両には全く詳しくないので、この車両が盗難のおそれのあるような価値あるものなのかと思いながらも、早急に引渡しの手続をとりました。

　最初は処分に困っていた車両でしたが、調査をしてみると意外な価値

があるとわかった事案であり、車両は年式や状態だけで判断してはいけないことを実感した一件でした。

> 体験談 2

所有権留保付き自動車に対する対応

弁護士 7 年目　男性

ローンで購入されている自動車には
所有権留保が付いている

　破産者が自動車をローンで購入していると、所有権留保特約が付いていることがほとんどと思われ、留保所有権者（信販会社）は、破産手続開始時点で対抗要件を具備している限り、当該自動車に対し別除権（破産法 65 条）を行使することができるとされています（民事再生手続の事案について、最二小判平成 22 年 6 月 4 日民集 64 巻 4 号 1107 頁〔28161595〕）。

　私がこれまで破産管財人として対応した中に、破産者個人が所有権留保特約の付いている軽自動車を所有していた破産管財事件がありました。破産者は関東近辺に在住しており、自宅から最寄駅までの移動（移動距離 5、6 キロ）のために軽自動車を利用して東京に通勤していました。

軽自動車が破産者の生活に欠くことができなくても

　一般的に破産事件では破産者から軽自動車の鍵及び車検証を受領して、軽自動車を破産管財人の占有管理下に置くことになります。

もっとも、三者での事前打合せの段階より、今回の関東近辺在住の破産者からは、勤務先を定時に退社しても最寄駅からの最終バスに間に合わないので、自宅から最寄駅までの必要最小限度の使用にとどめるから、軽自動車の使用を認めてほしいとの申出がなされました。また、この申出とあわせて、ローン残高は軽自動車の申立代理人が準備した査定評価額を上回る見込みであるから、軽自動車を破産財団から放棄するよう上申書も出されました。

　今回の軽自動車については、減価償却期間（4年）を経過しておらず、軽自動車の評価額がどれくらいか、ローン残高がこれを上回るのか、直ちには予測がつきませんでした。そうであれば、軽自動車を適正に評価する必要があり、この段階で破産財団から放棄することはできません。そして、破産財団から放棄できない以上、破産者の通勤に関する事情を考慮したとしても、軽自動車の使用を認めることはできませんでした。

　今回の破産者のように、引き続き自動車を使用したいとの申出がなされることがありますが、破産財団から放棄できない限り、破産者にどのような事情があってもその使用を認めることはできず、破産管財人としては鍵の回収も含め、車両を使用させないためにできる限り速やかに対応する必要があります。

軽自動車の対抗要件

　さて、留保所有権者（信販会社）との関係が当然問題になりますが、普通自動車の場合は登録（車検証の所有者欄）が対抗要件であるのに対して、軽自動車の場合は、引渡し（占有改定）が対抗要件となります。

　軽自動車の対抗要件に関する判例を調べると、名古屋地判平成27年2月17日金融法務事情2028号89頁〔28233492〕がありました。この判例では、占有改定の合意について、「単に契約書の条項にその旨の明示の規定が定められていたか否かではなく、当該契約書の条項全体及び当該契約を行った当時の状況等を当事者の達成しようとする目的に照ら

して、総合的に考察して判断すべき」として、契約条項を具体的に検討していました。

そこで、留保所有権者（信販会社）から取り寄せた契約書の条項を確認したところ、占有改定による引渡しの条項はありませんでしたが（上記判例と同様）、所有権が立替金等債務を担保するため信販会社に移転し、当該債務が完済されるまで留保されること、購入者（破産者）が善良なる管理者の注意をもって車両等を管理し、所有権を侵害する行為をしないなど定められていたことから、契約条項全体からは、留保所有権者（信販会社）は占有改定による引渡しを受けており、対抗要件を具備していると考えました。このように軽自動車の場合は、契約書の確認が必要になります。

破産財団への一部組入れを条件とした放棄

車両の対抗要件が具備されているか確認した後、留保所有権者（信販会社）に対し、別除権を行使する意思があるか確認しました。立替金等債権については連帯保証がなされ、破産手続開始後も、連帯保証人から支払いがなされていましたので、留保所有権者（信販会社）としては、引き続き連帯保証人から返済を受ける意向であり、別除権行使としての軽自動車の引上げは考えていないとのことでした。

また、軽自動車の評価額については、実際に現地にて査定し、買付見積書を取りました。今回の場合は、申立代理人が準備した査定評価額からしても、ローン残高（連帯保証人から支払いがなされていましたので、申立て時の残高からは毎月残高が減少していました）と軽自動車の評価額が近接することが予想されたため、現地査定を行いましたが、有限会社オートガイド発行の『オートガイド自動車価格月報』（「レッドブック」と呼ばれており、弁護士会の図書館に蔵書されています）やインターネット等での簡易な査定もありますので、ケースごとに査定の方法を判断することになると思います。

査定の結果、ローン残高の方が軽自動車の評価額（買付見積書）をやや上回っていましたが、軽自動車には相応の価値が認められましたので、破産者から査定価格の一部相当額を破産財団に組み入れてもらったうえで、軽自動車を破産財団から放棄しました。

ワンポイントアドバイス

自動車等を早期に資産放棄するために

　一般に、自動車やバイクを資産放棄する場合には、車検証により車両を特定する必要があるのは前記のとおりです。
　ですが、第三者が破産者の名を冒用して自動車を購入し、使用している可能性が高く、破産者自身は自動車を占有、使用したことがなく、所在すら知らないという例もあります。
　万が一自動車の事故等が生じると破産管財人に運行供用者責任が生じかねませんので、可及的速やかに資産放棄の許可を受ける必要があります。もっとも、こうした場合には、車検証の照会に時間を要してしまうこともあります。そうした場合には、担当裁判官と協議のうえ、自動車のナンバー（自動車登録番号）だけで資産放棄の許可を受け、事後に車検証により特定をすることも考えられるところです。
　自動車やバイクは早期に資産放棄を検討することが鉄則ですが、正攻法では放棄できない場合は、臆せず裁判所に相談し、大過のないように対応しましょう。

Method 19 破産財団に帰属する労働債権

▶ 債権の種類の違いを意識して

――一口に労働に関する債権といっても、給与のほか、退職金、役員報酬、業務委託報酬等さまざまである。債権の種類の違いをしっかり意識して破産手続に臨めているだろうか。

給与債権の場合

　破産者が破産手続開始の時において有する一切の財産は、破産財団に属するとされています（破産法34条1項）。他方、破産法34条3項は、差し押さえることができない財産については、破産財団に属しないものとしており、差押禁止財産は、換価の対象とはなりません。

　そして、破産者の給与債権については、民事執行法152条1項が給与債権について、支払期に受けるべき給付の4分の3に相当する部分は差押えを禁止しています。

　また、『破産管財の手引〈第2版〉』212頁によると、「未払の給料等債権（賞与、時間外手当等も含む）は、破産手続開始時点の差押可能部分（民事執行法152条1項）が破産財団を構成し、破産手続開始後の労務提供の対価となる賃金部分は新得財産となります」とされています。

　すなわち、破産手続開始前の労務提供部分のうち、4分の3については、自動的に破産財団を構成しないことになります（法定の自由財産）。

なお、残りの4分の1についても自由財産の範囲の拡張として扱っていることが少なくないのではないでしょうか。

役員報酬の場合はどうなるのか？

　それでは、取締役報酬等、役員報酬の場合はどのようになるのでしょうか。

　役員報酬の場合は、給与債権とは取扱いが異なることに十分注意が必要です。すなわち、役員報酬請求権は純然たる給与債権ではなく、差押禁止部分がないため、破産法の規定からすると法定の自由財産とはなりません。

　この点は、次のようなケースで問題となるでしょう。ある会社の役員が破産者であって、役員報酬を当月末日締め、翌月末日払いで受領している場合、当月末日に破産手続開始決定があったときは、翌月末に支払われる役員報酬については全額が破産財団を構成することになります。もっとも、役員報酬が破産者の唯一の収入であることも多く、全額が破産財団に組み入れられれば、生活は成り立たないことは自明です。

　このような場合には、破産管財人と協議のうえ、翌月末に支払われる役員報酬については自由財産の拡張申立を行い、生活に必要な金額の範囲で拡張を認めてもらうことも考えられるところです。

労働に関する債権の種類には要注意！

　労働に関する債権には、通常の給与債権のほか役員報酬請求権もあり、その他にも請負請求権、委任契約に基づく報酬請求権等、さまざまなケースが生じ得ます。

　給与債権であれば、自動的に、法定の自由財産となる部分が観念できますが、給与債権以外は、法定の自由財産とならない点には注意が必要

でしょう。

　また、破産手続開始時点までの稼働部分に対応する未払額は、原則として破産財団を構成する債権となる点にも留意が必要です。結果的には自由財産の拡張の問題として対応できるケースもあるかもしれませんが、確実に拡張できるとは限りません。また、これらの点をしっかり意識して破産手続を行えば、破産者への説明でも安心感を与えることができ、安定した破産手続を行うことができると考えます。

体験談 1

未払時間外手当請求権

弁護士 11 年目　女性

未払時間外手当があるとの申告

　破産申立を検討している方からの相談で、聞き取りを行っていたところ、「何か第三者に対する請求権はありますか？」という質問に対して、残業代の未払いがある旨の回答がありました。

　聞くと、毎日タイムカードを打刻しているが、実際はタイムカードに打刻された時間よりも長く働いていて、セキュリティーサービス会社からオフィスへの入退室記録を取り寄せれば、自分がいかに遅くまで働いているかわかるはずだ、とのことでした。

　その事案は管財事件必至で予納金が必要であったものの、相談者は手持ちの現金がない状態であったため、未払割増賃金を回収できれば弁護士費用や予納金に充てられる可能性が高いと考え、破産申立の前に未払割増賃金の請求をすることになりました。

会社との交渉

　会社に未払割増賃金があること、賃金台帳やタイムカード、セキュリティーサービス会社の記録を出してほしいことなどを伝えたところ、会社からこれらの記録等の提出がありました。同社は変形労働時間制を採用していたため、計算も複雑でしたが、概算を出したところ、確かに、オフィスへの入退室記録を前提にすると、100万円を超える未払割増賃金があることがわかりました。
　会社に対して当該計算結果を伝えたところ、入退室記録を前提に計算するのは誤りである旨の詳細な反論が返ってきたうえで、約20万円であれば支払うとの提案がありました。そこで、再度依頼者を呼んで、どのような勤務実態であるのか確認することとなりました。

和解するか、訴訟提起するかの見極め

　依頼者と打合せをしたところ、最初は入退室記録が労働時間だ、という姿勢を崩さなかったのですが、会社から聞いている業務内容からすれば、そんなに長時間労働にならないとも考えられ、会社のいっているところとどこが違うのか、など業務の具体的な内容を細かく確認するうちに、タイムカードを打刻した後の業務というのは、実はそれほど時間のかかるものではなく、むしろ、業務後、雑談などをしていて退出が遅くなっていることがほとんどであることがわかってきました。
　その会社では、変形労働時間制を採用していたことから、時間外手当の計算方法から争いになり、事案の解決が長引く可能性も高く、また、労働時間の主張も、入退室時間＝労働時間であるという主張が維持できる見込みが少なかったため、会社の提案よりも少し金額を引き上げる交渉は行うものの、訴訟までは行わずに、破産申立の準備に移る方針となりました。

悩ましい判断

　本件の場合は、訴訟を提起した場合の回収見込みと、訴訟にかかる時間の見込みに照らし、訴訟は提起しないとの判断に至りましたが、個人の破産申立を検討する局面では、未払割増賃金の請求権が認められそうな事案も多く、判断は悩ましい場合が多いように思われます。客観的な証拠の有無やその証拠の価値、会社の対応や資力に基づく回収見込み、そして回収までに要する時間の見込みといった諸般の事情に照らして、個別具体的に判断する必要があります。

体験談2

破産者の自由財産と競合する破産財団構成財産の換価

弁護士5年目　男性

破産者の退職金

　個人破産で、破産者はすでに会社を退職していたものの、未払いとなっていた退職金債権が存在したため、その換価が問題となった事案がありました。
　退職金債権は、その4分の3に相当する部分が差押禁止債権とされるため（民事執行法152条2項）、残りの4分の1相当部分のみが破産財団を構成する財産ということになります。

破産財団構成財産と自由財産との競合

　破産管財人としては、破産財団の構成財産となる退職金債権の４分の１相当部分を換価するため、同部分を破産者が退職した会社に請求することにしたのですが、退職金債権の残りの４分の３相当部分は破産者の自由財産となるため、破産者自身も同部分を会社へ請求することが可能で、両請求には法的に優先関係がなく競合する関係にありました。
　会社の支払能力に問題がなければ、両請求の競合関係が実際に問題となることはなかったのですが、会社には、当該退職金債権を一括払いする余裕がなかったため、退職金債権の破産財団構成財産部分と自由財産部分の競合が顕在化することになりました。

退職金の回収

　そこで、まずは破産者に対して、退職金債権のうち破産財団構成財産部分を優先するため、破産者からの請求は破産財団構成部分の支払完了後としてもらうよう求めることにしたのですが、このような取扱いは、破産者による自由財産の行使を事実上制限することになるため、破産者の生活維持に支障がないかどうかに留意しました。
　この事案では、破産者に一定の収入があり、退職金を直ちに受領できなくても生活維持に支障が生じる状況にはなかったため、予定どおり退職金債権のうち自由財産部分の請求を一時保留としてもらうよう求めたところ、破産者からも、退職金債権の破産財団構成部分を優先して請求することについて同意が得られました。なお、この点について、書面による合意までは求めませんでした。
　その後は、会社との間で、退職金債権のうち破産財団構成部分を分割払いする内容での合意（和解）を行い（金額も含め、裁判所の和解許可を受けました）、無事、退職金債権の破産財団構成部分の支払いを受けることができました。

自由財産の権利行使を制限することへの留意

　この事案では、破産者の生活維持に支障がなかったため、破産者の自由財産の権利行使を事実上制限する取扱いも問題はなかったと考えていますが、破産者に収入がほとんどないような状況であれば、破産者の生活維持に支障が出かねないため、同様の取扱いが相当でないとされる場合もあると考えられます。

　破産者の承諾に基づく自由財産の破産財団組入についても、破産者に事実上の圧力が加えられることが危惧される等の理由から、消極的に考える見解が有力です。自由財産の権利行使を事実上制限するような場合においても、破産者の免責について意見を求められる立場にある破産管財人としては、破産者に事実上の圧力を加えることにならないよう、慎重な対応が必要であると考えられます。

> **ワンポイントアドバイス**

退職金

(1) 破産財団を構成する退職金債権

　民事執行法上は、退職金請求権のうち差押禁止となるのは4分の3相当額で、残り4分の1相当額は差押えが可能です（民事執行法152条2項）。

　しかし、一般に退職金請求権が将来支給されるかについては不確実であることから、破産財団を構成する額を評価する際には、さらに2分の1にして、退職金の支給見込額の8分の1で評価する運用がされています。ここで重要なのは、8分の1というのは法的な根拠があるわけではなく、あくまで支給の不確実性に配慮した運用にすぎない点です。

　よって、退職金の支給が確実と見込まれる場合（例えばすでに退職し

ていて退職金が支給される前の時点で破産手続開始決定が出た場合など）には原則に戻って、退職金の支給見込額の4分の1で評価することになります。

　申立代理人が破産者に対し破産財団を構成するのは退職金支給見込額の8分の1だと説明していたところ、破産者が破産申立の直前に退職してしまい支給前に開始決定が出たため、破産財団を構成するのが退職金の支給見込額の4分の1となってしまい、破産者が申立代理人から聞いていたのと話が違うと言い出してトラブルになるケースもあり得るので、申立代理人は十分注意する必要があります。

　なお、破産手続開始前に退職金が支給されてしまった場合は、現金又は預金として、破産手続開始決定時に残っている金額で評価することになります。

　このように、破産者が勤務先を退職することが予想され、かつ多額の退職金があるケースでは、破産手続開始決定のタイミングいかんで破産財団を構成する額が大きく変わることがあるので、申立代理人としては注意する必要があります。

(2) 退職金見込額の計算方法

　退職金見込額について、職場が具体的な金額を出してくれるような場合はそれに基づいて計算すればよいのですが、これが難しい場合は、申立代理人が退職金規程を入手して計算することになります。

　退職金規程上、自己都合退職か会社都合退職かで計算方法が異なる場合があります。この点について、いずれで評価するかについて具体的な運用基準を定めている裁判所は見当たりませんが、破産手続開始決定時点で破産者が会社を自己都合退職したと仮定した場合の金額で評価するのが合理的ではないかと考えます。

(3) 退職金見込額の破産財団への組入方法

　破産財団を構成するのが退職金支給見込額の4分の1になるケース（つまり支払いが確実になっているケース）では、破産手続開始決定後

比較的早い時期に退職金が支給されると見込まれますので、これを破産財団に組み入れることが問題になることはあまりありません。

しかし、破産財団を構成するのが退職金支給見込額の8分の1になるケースで、かつ退職金の総額が高額なケースでは、退職金支給見込額の8分の1相当額を破産者が手持ちの財産で調達できず、これを分割納付することになるので、破産手続が長期化することがあります。

時には、分割納付のめどが立たないこともあり、このような場合に破産財団への組入額が8分の1に達しない場合であっても破産手続を終結させてよいかがしばしば問題になります。

この点の実務はケースバイケースで、一般化することは難しいようですが、裁判所は公平の見地から、安易に手続を終結することには慎重である場合が多いようです。

Method 20 | 把握・換価が困難な破産財団

▶ **それ、売れるかも!?**

――破産財団の構成財産には、不動産等の把握・換価が比較的容易なものだけでなく、把握自体が困難なもの、把握できても換価が困難な財産も存在する。把握・換価が困難な破産財団が存在する場合、申立代理人・破産管財人としては、どのように対応すればよいのだろうか。

資産調査（申立代理人）

　破産の申立てをする場合、「資産目録」を作成することになり、その作成作業は申立人（破産者）本人からの申告を前提にすることになりますが、本人からの申告をそのまま記載すれば足りるものではありません。
　本人への聞き取り、提出を受けた通帳等の資料の確認等を踏まえ、「資産目録」に漏れがないか、注意を怠ってはいけません。
　本人が故意に財産を隠しているという場合はそう多くないと思いますが、本人自身も見落としている、把握できていない財産も存在し得ますので、申立代理人としては、常にそうした意識・注意が必要です。

破産財団の把握（破産管財人）

　破産管財人による破産財団の把握は、まず申立人（破産者／債権者）作成の「資産目録」のチェックから始まります。

　「資産目録」のほか、「債権者一覧表」やその他提出資料を入念にチェックすることにより「資産目録」の記載が事実と異なっていることや、申立代理人も把握できていなかった財産が判明することも稀ではありません。ともかく、提出資料の入念なチェックは基本中の基本です。

　提出資料の中でも特に入念にチェックすべきなのは、預貯金通帳等で、申告外の資産判明の端緒としては、預貯金の入出金履歴が一番多いといえるでしょう。

　また、破産管財人へは、破産者宛ての郵便物が回送されることになり、回送された郵便物から、申告外の資産が判明することも少なくありません。例えば、保険会社からの通知により保険契約の存在が、証券会社からの通知により保有株式等の存在が、納税通知等から不動産の存在が判明するといったことがままあります。

　また、債権者等から、申告外財産に関する情報が寄せられる場合もありますので、破産管財人としては、そうした情報に基づく資産調査も重要といえます。

把握困難な資産への対応

　資産調査の中で、資産自体の存在は判明しても、その内容等の把握が困難な場合があります。

　例えば、契約書の作成されていない債権債務、在庫商品等の多数の動産類、登録の必要のない知的財産権等については、登記制度の整っている不動産などとは異なり、その内容等の把握自体が、必ずしも容易ではありません。

　そうした、把握困難な資産については、申立人（破産者）本人も正確

に把握できていない場合が少なくありませんので、申立代理人・破産管財人としては、本人任せにせず、申立代理人・破産管財人の立場で独自に、対象資産を調査し、調査結果を整理した目録を作成する等、対象資産を可能な限り把握するための調査・努力が必要といえるでしょう。

換価困難な資産への対応

　破産管財人としては、破産財団構成財産として判明した資産については、可能な限り換価することが求められますが、把握困難な資産ほど換価性が低いという傾向があるともいえます。

　そのため、そうした資産は、第三者に対する売却等による換価が困難で、破産者本人に買取りを求める（あるいは自由財産から一定の金額を破産財団に組み入れてもらったうえで対象資産を破産財団から放棄する）ことになる場合が多いと考えられますが、自由財産からの破産財団組入れを求める場合は、破産管財人が破産者の免責について意見を述べる立場にある関係上、破産者への事実上の圧力とならないよう、注意が必要といえるでしょう。

　破産管財人としては、最終的に換価困難な財産について、破産財団から放棄するか否かの判断を迫られることになりますので、裁判所とも協議のうえ、換価不能・不相当と判断された場合は、破産財団からの放棄という対応をとるべきということになります。

体験談1

知的財産権（著作権等）の把握が困難だった事例

弁護士9年目　男性

　イベント運営等を行う法人とその代表者の自己破産の申立てを行った事案で、法人と代表者個人が著作権・著作隣接権を保有していたのですが、その権利の把握が容易ではなく、大いに苦労することになりました。

著作権・著作隣接権の把握

　知的財産権といわれる権利には、特許権等の登録を権利発生要件とする権利のほか、著作権のように、登録等の手続を要さず自動的に発生する権利が存在します。

　特許権等の登録を権利発生要件とする知的財産権の把握は、比較的容易といえますが、著作権等の登録等を権利発生要件としない権利については、権利者自身もその存在・概要を正確に認識・把握していない場合もあり、権利の把握自体が、必ずしも容易ではありません（著作権等の登録制度もありますが、それほど利用されていないのが実情です）。

　また、著作権・著作隣接権を保有している方のうち、特にアーティストといわれるような方は、自身の権利自体に無頓着な場合も少なくないようで、今回の事案の破産者も、自身が著作権・著作隣接権を保有しているということの認識が希薄で、具体的にどのような著作権・著作隣接権を保有しているのか、正確に把握できていない状況でした。

　そこでまずは、著作権等管理団体から届いている明細等の通知と著作権等に関する入金と思われる銀行の入金履歴から、著作権等の管理が委

託（信託）されている管理団体を特定し、特定できた管理団体へ、管理を委託（信託）されている著作権等の内容等の照会を行いました。

　管理団体への照会により、著作権等の一応の把握はできたものの、管理団体からの回答は、著作権等の一覧・目録といった整理されたものではなく、著作権料等が発生したものについての過去の計算書（履歴）が大半で、記載様式もそれぞれ異なっていたため、その解読がまた大変でした。

　しかも、管理団体からの回答は、現に著作権料等が発生したものに限られているので、近時に著作権料等が発生していない著作権等については、把握できていない可能性がありました。

申立て後の調査

　著作権等の一応の把握ができた段階で、自己破産の申立てを行いましたが、破産手続開始後に、申立て時に把握できていなかった管理団体からの通知が破産管財人に届き、申立て時に把握できていなかった著作権等の存在が判明しました。

　そのため、破産管財人からの要請があり、申立代理人として、新たに判明した著作権等の調査を追加して行うことになりました。

　調査方法は、申立て前と同様、新たに判明した管理団体への照会という方法によりましたが、回答は、やはり著作権等の一覧・目録といった整理されたものではなく、その解読にまた苦労することになりました。

著作権等の換価

　こうして、申立て後の追加調査も経て、著作権等の把握作業が完了し、換価をするということになったのですが、把握できた著作権等から発生する著作権料等はごく僅かで、第三者へ売却するという方法は現実的で

はありませんでした。

　そのため、破産者が一定の金額を支払って破産財団から著作権等を買い取る（個人分については破産管財人が破産財団から放棄する）ことにより、換価を行いました。

　本件のような著作権等については、把握が困難なものほど換価性が低いというのが実情で（逆に著名なものであれば把握はしやすく換価性も高い）、どこまで調査をするべきなのか、悩ましさも感じた事案でした。

体験談2

社内積立の取扱い・自社株について

弁護士12年目　男性

社内積立の取扱い

　私が申立人代理人として経験したのは、会社員の女性が破産者となった事案です。

　この方は収入の額に比して占い等に対する過大な支出が認められたことから、免責調査を主たる理由として管財事件として申立てを行いました。

　その際、預貯金のほかに社内積立が存在し、その取扱いが裁判所・破産管財人との間で問題となりました。

　申立て前において、私の方でも問題になるかもしれないという認識がありましたので、通常の預貯金と合計しても20万円の範囲を超えないように調整したうえで申立てを行い、そのうえで、破産管財人に対しても、①実質が預貯金と同様であること、②他の預貯金と合計しても20万円を下回ること、③現金であれば99万円まで保持できることの均衡を説明して自由財産拡張の上申書を提出しました。

破産管財人もこちらの主張には理解を示していただき、大阪地方裁判所の運用では自由財産拡張の対象になる旨もあわせて主張するなどして裁判所と協議してもらったのですが、結果として東京地方裁判所破産再生部の判断では、預貯金とは別に換価の対象となるというものでした。

　破産事件においては、①法人事件の場合、破産財団に属する全ての財産が換価の対象となり、②個人事件の場合、自由財産（破産者が破産手続開始後に新たに取得した新得財産や差押禁止財産等）以外の財産については、原則として、全て換価の対象となりますが、個人事件の場合には、破産者の生存権の保障、現金について99万円まで自由財産とされていることとの均衡、同時廃止事件との均衡及び管財業務の効率化という観点から、東京地方裁判所破産再生部では、在京三弁護士会との協議に基づき、次の換価基準を定めています。

【個人破産の換価基準】
1　換価などをしない財産
　(1)　個人である破産者が有する次の①から⑩までの財産については、原則として、破産手続における換価又は取立て（以下「換価等」という。）をしない。
　　①　99万円に満つるまでの現金
　　②　残高が20万円以下の預貯金
　　③　見込額が20万円以下の生命保険解約返戻金
　　④　処分見込価額が20万円以下の自動車
　　⑤　居住用家屋の敷金債権
　　⑥　電話加入権
　　⑦　支給見込額の8分の1相当額が20万円以下である退職金債権
　　⑧　支給見込額の8分の1相当額が20万円を超える退職金債権の8分の7
　　⑨　家財道具
　　⑩　差押えを禁止されている動産又は債権

(2)　上記(1)により換価等をしない場合は、その範囲内で自由財産の範囲の拡張の裁判があったものとして取り扱う（ただし、①、⑨のうち生活に欠くことのできない家財道具及び⑩は、破産法34条3項所定の自由財産である。）。
2　換価等をする財産
　(1)　破産者が上記①から⑩までに規定する財産以外の財産を有する場合には、当該財産については、換価等を行う。ただし、破産管財人の意見を聴いて相当と認めるときは、換価等をしないものとすることができる。
　(2)　上記(1)ただし書により換価等をしない場合には、その範囲内で自由財産の範囲の拡張の裁判があったものとして取り扱う。
3　換価等により得られた金銭の債務者への返還
　(1)　換価等により得られた金銭の額及び上記1(1)の①から⑦までの財産（⑦の財産の場合は退職金の8分の1）のうち換価等をしなかったものの価額の合計額が99万円以下である）場合で、破産管財人の意見を聴いて相当と認めるときは、当該換価等により得られた金銭から破産管財人報酬及び換価費用を控除した額の全部又は一部を破産者に返還させることができる。
　(2)　上記(1)により破産者に返還された金銭に係る財産については、自由財産の範囲の拡張の裁判があったものとして取り扱う。
4　この基準によることが不相当な事案への対処
　この基準によることが不相当と考えられる事案は、破産管財人の意見を聴いた上、この基準と異なった取扱いをするものとする。

『破産管財の手引〈第2版〉』138頁、139頁

　換価基準を定めた観点からすれば、社内積立についても預貯金と同様に取り扱ってもよいことになりそうですが、東京地方裁判所の破産再生部においては、換価基準において自由財産として明記されている「金融機関の預貯金」にはあたらないこと、及び、債権者に対しできるだけ多くの配当を確保する必要があるとの理由から上記の結論に至ったようです。

あくまで事例判断ではありますが、ご留意いただければと思います。

自社株について

また、こちらは申立代理人として関与した別の事案ですが、破産者は会社の持株会における積立で自社株を有していました。

その額が20万円には到底届かない額であったことから失念していたのですが、換価基準において自由財産として明記されていない財産は原則として全て換価の対象であり、株式については、その金額の多寡に関わらず換価の対象となります。

そのため、自社株については即日面談で換価の対象であることを指摘され、これを失念していた私は冷や汗をかくことになりました。

本当に恥ずかしい話ですが、破産者に対する説明で「原則として20万円を超える価値があるものは換価の対象です」としていたために、ついうっかり思い違いをしていました。何年経っても、基本に立ち戻って確認を忘れないようにしたいものです。

なお事件の対応としては、破産者に一定の給与収入があり、相当額の積立がすぐにできたことから、期日の続行はなく手続は無事終了致しました。

ワンポイントアドバイス

換価にあたって慎重な検討を要する場合

換価が可能かつ容易に見えるものの、換価が相当でないものや換価にあたっては十分な検討及び配慮が必要なものがあります。以下のような具体例を検討してみましょう。

(1) ライブのチケット

　ミュージシャン等のチケットを手配したり、転売や販売等を行う個人や法人が破産した場合、在庫のチケットを換金して破産財団を形成することが考えられます。

　この場合、ライブ等のチケットには転売サイトがいくつもありますし、ネットオークションサイトでの売却も可能ですので、転売して売却代金を破産財団に組み入れること自体は難しくありません。しかし、チケットの転売行為には、法的に以下のような問題があります。

　まず、古物営業法に抵触する可能性があります。古物営業法は、都道府県公安委員会の許可を受けない者が古物の売買をする営業を行うことを禁止しています（古物営業法3条、2条2項1号）。「古物」は古物営業法施行規則で13品目に分類されていますが、チケットは「金券類」（同規則2条13号）に該当するとされています。よって、チケットが大量にあり、反復継続して転売を行う場合は「営業」としてチケット転売を行っていると判断され、古物営業法に抵触すると判断されるおそれがあります。

　また、最近のライブのチケットは転売行為禁止条項が付されているケースが多いので、契約違反の問題も生じ得ます。

　さらに、最近のライブ会場では本人確認が徹底している場合もあり、転売チケットでは入場できないこともあり、このような場合に、売主である破産管財人に瑕疵担保責任等が追及されるおそれがあるという問題もあります（このような請求が理論的に可能かについても問題がありそうですが）。

　以上からすれば、チケットを転売して破産財団を形成するにはリスクがありますので、慎重に対応することが望まれます。

(2) タレントグッズ

　タレントグッズの製造をしていた法人の倒産事件では、在庫商品を買い取りたいという打診が複数の業者から寄せられる可能性があります。しかし、ここで問題となるのは、タレントの肖像権・パブリシティ権と

の関係です。

　タレントグッズと一口にいってもさまざまで、タレントが所属する芸能事務所から許諾を得ている公式グッズもあれば、こうした許諾のない非公式グッズもあります。例えば、ライブ会場の外の路上で売られている生写真等は、非公式グッズである場合が多いと思われます。

　ここで、非公式グッズを、非公式グッズを販売するような業者相手に処分してしまった場合、肖像権・パブリシティ権の侵害に関与したとみられかねません。

　一方で、タレントが所属する芸能事務所等からの買取りの打診であってもリスクがないわけではありません。一般に大手の芸能事務所であれば、芸能人は事務所と契約する際に、肖像権・パブリシティ権を包括的に芸能事務所に譲渡する契約を締結していることが大半です（例えば芸能事務所の最大の業界団体である一般財団法人日本音楽事業者協会に加盟している事務所が使用している統一契約書と呼ばれるものには、肖像権等の包括譲渡条項があります）。このような場合であれば、芸能事務所からの買取りの打診に応じることも可能だと思われます。

　しかし、タレントと芸能事務所間で肖像権やパブリシティ権の帰属について明文の契約がなく、トラブルになることも珍しくありません。よって、芸能事務所からの打診であっても、タレントとの間で肖像権・パブリシティ権の帰属についてどのような契約を交わしているか確認する必要があります。実際の事例でも、タレントと所属事務所間で肖像権やパブリシティ権の帰属に明確な定めをしておらず、タレントと所属事務所の関係がうまくいっていないことも判明したことから、結局芸能事務所に買い取らせることができなかった事例も存在します。

　タレントグッズ等肖像権・パブリシティ権が問題となり得る在庫商品の換価については、権利関係についてしっかりと検討したうえで対応することが望まれます。

Method 21 | 免責

▶ その人、
本当に免責でいいですか？

―― 破産者に免責不許可事由がある場合に、裁量免責相当か否かは、申立代理人にとっても、破産管財人にとっても重要な問題である。しかし、どのような基準に従って判断すればよいか迷うところで、知人の弁護士に相談しても、各種メーリングリスト等で質問しても、同じ事案についてバラバラの回答が返ってくることがある。実際のところ、どのように判断すればよいのであろうか。

裁量免責が認められる場合

　免責不許可事由（破産法252条1項各号）に該当する場合であっても、「破産手続開始の決定に至った経緯その他一切の事情を考慮して免責を許可することが相当であると認められるときは」免責の許可をすることができるとされています（同条2項）。実務的には、免責不許可事由がある事例の大半は裁量免責相当とされているはずです。
　しかし上記の「破産手続開始の決定に至った経緯その他一切の事情を考慮」という条文の文言からは、具体的にどのような事情をどのように考慮すればよいか明らかにされていないため、担当した免責不許可事由

のある事案が裁量免責相当か否かについて判断に迷うことは珍しくありません。

裁判例だけでは不十分

このように条文の文言が抽象的な場合は、訴訟事件等であれば、裁判例を調査することでヒントを得られることが多いはずです。しかし、免責に関して公表されている裁判例の大半は、免責許可決定又は免責不許可決定に対して即時抗告がされた場合の抗告審決定です。そのため、数も多くはありませんし、特殊な事例が多く、一般的な事案における裁量免責の可否の判断資料として必ずしも参考になるものではありません。また、漏れ聞く情報からすると、各地の裁判所や裁判官ごとに裁量免責に関する運用には差異があるようです。

よって、裁判例だけでは、通常の破産管財手続において裁量免責の可否がどのように判断されているかを調べるための資料としては、内容的にも量的にも不十分です。

参考になる論考は？

それでは、どのような資料を参考にすればよいのでしょうか。

ここで参考となるのが、東京地方裁判所本庁から発表されている、免責不許可事由がある事案において、破産管財人や裁判所がどのような事情に基づいて裁量免責の可否を判断したかという点に関する裁判官による論考です（原雅基「東京地裁破産再生部における近時の免責に関する判断の実情」（判例タイムズ1342号、2011年、4頁）及び平井直也「東京地裁破産再生部における近時の免責に関する判断の実情（続）」（判例タイムズ1403号、2014年、5頁）。前者の論考では128事例、後者の論考では109事例が紹介されています）。よって、この論考を参照すれば、

裁量免責相当かについて、おおよその目安がつくことが多いと考えられます。

また大阪地方裁判所については、大阪地方裁判所第6民事部編集『破産・個人再生の実務Q&A　はい6民ですお答えします〈全訂新版〉』（大阪弁護士協同組合、2008年）のQ106〜から運用を把握することができます。この書籍は東京の弁護士会館の地下の書店でも購入可能です。

小規模庁等の場合、担当裁判官の個性等も影響するため、上記の資料のみで判断するのでは十分とは言いがたいでしょう。しかし、裁判所によっては、「破産事件申立代理人の手引き」又はこれに類する名称の冊子を発行して、裁量免責の目安を示しているところがあります。よって、申立予定地に知り合いの弁護士がいるのであれば、当該地方裁判所が発行するこの種の冊子の有無について確認して内容を教えてもらうことも考えられます。

再度の免責申立の場合

具体的にみると、再度の免責申立については、前回の免責許可決定の確定から7年以内に免責許可の申立てを行ったことは免責不許可事由とされています（破産法252条1項10号イ）。では、7年以内に申立てをした場合に裁量免責相当となる可能性はあるのでしょうか。

この点、上記の「東京地裁破産再生部における近時の免責に関する判断の実情」から東京地方裁判所の例をみると、前回の免責確定から、3年9月しか経過していない事案で裁量免責が認められている例もあります。また、前回の免責確定から4〜5年しか経過していない事案でも、裁量免責が認められなかった例もあるものの、裁量免責が認められている例もかなりあることがわかります。したがって、東京地方裁判所等であれば前回の免責確定から7年未満の事案であっても、裁量免責相当となる可能性も十分にあるといえます。

「東京地裁破産再生部における近時の免責に関する判断の実情」によ

れば、再度の免責申立があった場合は、①期間の長短、②免責確定後新たに債務を負担するに至った事情、③負債総額、④前回の破産原因と今回の破産原因の異同、⑤管財業務への協力の有無、⑥現在の生活状況などの諸事情を総合的に勘案して裁量免責相当か否かを判断するとありますので、東京地方裁判所に申立てを行う事案であれば、これらの事情を考慮したうえで、裁量免責が得られるか否かを検討することになります。

多くの裁判所では東京地方裁判所に近い運用がされているものと予想されます。しかし、裁判所によっては「前回の免責許可決定確定の日から7年以内に再度の免責申立をしようとする場合には、原則として免責は許可されない」「7年未満ではあるがそれに近い長さであれば裁量免責の余地はあるが、短い場合にはそもそも裁量免責を受けることは非常に困難である」などと、当該裁判所が発行する申立代理人向け手引きでアナウンスし、実際にそのような運用をしているところもあるようなので、裁判所ごとの情報収集は不可欠です。

再度の免責申立の7年の起算点

なお、再度の免責申立の際の7年の起算点は、免責許可決定日ではなく免責許可決定確定の日です（破産法252条1項10号イ）。

免責許可決定が確定するのは免責許可決定についての即時抗告期間経過後で（同条5項、7項）、即時抗告期間は免責許可決定が官報に掲載された日から2週間です（同法9条）。そして、免責許可決定を裁判所が出してから官報に掲載されるまで通常2週間前後かかるので、免責許可決定が確定するのは、免責許可決定書に記載されている日付の約4週間後となるのが通常です。

しかし、実際の申立てをみると、起算点を免責許可決定確定の日ではなく免責許可決定日（決定書に記載されている日付）や破産手続開始決定日と誤解して申立を行っている例もあるようです。

具体的には、上記の東京地方裁判所の資料をみると、前回の免責許

決定から6年10月や6年11月で再度の申立てをしている事案が散見されます。免責不許可事由を考慮するのであれば、7年経過してから申立てを行うのが自然ですが、わざわざ1～2か月早く申立てを行っているこれらの事案は、7年の起算点を前回の破産手続開始決定日又は免責許可決定日であると誤解していた可能性もあります。

仮に申立代理人の誤解であったとしても、免責不許可事由があることには変わりなく、他に免責不許可事由がある場合は、合わせ技で裁量免責が認められないこともありますので、起算点については十分な注意が必要です。

7年以内の申立ての事例の場合、金融機関のブラックリストに登録している期間内に新たな借入れを開始していることが多く、この場合、破産者は一般の金融機関から通常の方法で借り入れることはできないので、ヤミ金に手を出していたり、偽名等で借入をしていることが多く、他の免責不許可事由にも該当する例が珍しくないことから、免責不許可となるリスクは高まります。仮に免責不許可になった場合、弁護過誤ともいわれかねないので注意する必要があります。

体験談1

クレジットカードを使ったのは第三者？

弁護士8年目　女性

免責調査

弁護士登録をして破産管財人研修を受け、破産管財人として破産管財事件に対応するようになって、6件目の体験を紹介します。破産者が個人の場合、破産手続開始申立とあわせて免責許可申立が必ずなされます。

これまでも、破産者が競馬などのギャンブルや株式投資をしていたとして、破産者本人への事情聴取や取引履歴の調査など免責調査を行った管財事件はありましたが、今回は少し事情が違っていました。

クレジットカードの名義貸し

　三者での事前打合せでの破産者（女性）からの説明によれば、他人にクレジットカードを作成するように強要されて、拒否することができず、自らの名義で作成したクレジットカードをその他人に渡してしまったとのことでした。いわゆる「名義貸し」であり、作成されたクレジットカードは数社にわたり、その作成された時期も、いずれも申立代理人の受任通知介入の約半年前でした。

　いわゆる「名義貸し」は、信用情報に問題があるなど正規ではカード作成が難しい事情があって名義貸しがなされることが多いと思われ、カード会社に対して虚偽の事実を伝えてクレジットカードを取得し、不正に利用したとして、詐欺罪（刑法246条）が成立し得る可能性も否定し得ず、当然許されるものではありません。破産法との関係では、破産法252条1項5号の「免責不許可事由」にあたるものです。

　私は、まず、「名義貸し」が事実であるかどうか、破産者本人が真にクレジットカードの利用に関わっていないのか否かを確認するため、破産者とクレジットカードの交付を受けた人物との関係、クレジットカードを作成した経緯、クレジットカードを交付した時の状況などの事情を細かく破産者から聴取しました。

債権者から免責不許可の意見が

　前述のとおり、「名義貸し」で作成されたクレジットカードは数社分あり、いずれも数か月の短期間で、利用額は数十万円から数百万円に及

んでおり、立替金はほとんど返済されていませんでした。カード会社からすると、もともと返済するつもりがなく、カードを利用したのではないかとの疑いを抱いてもやむを得ない取引状況でした。

そして、予想していたとおり、カード会社のうちの1社から、数か月の間に数百万円もの利用がなされたことは浪費による債務にあたるとして（カード会社は名義人本人が利用したと当然考えていました）免責不許可の意見が出されたのでした。

裁量免責の調査・検討

　破産者本人は「名義貸し」をしてしまった旨説明していましたが、私は、まず「名義貸し」が事実であるのかどうか確認する必要があると考えました。というのも、「名義貸し」が事実であれば、「名義貸し」に至った事情が問題になるのに対し、仮に「名義貸し」の事実がなく、破産者本人がクレジットカードを利用したのであれば、浪費による債務を前提として、浪費の態様・程度及びその後の態様などが問題になるためです。

　カード会社の取引明細を確認すると、いくつかの加盟店を繰り返し利用していることがわかり、これらの加盟店をインターネットで調べたところ、多くは男性向けの飲食店でした。女性の破産者がクレジットカードを利用したとは考えがたい加盟店であり、女性名義のクレジットカードであることから、利用の際は署名ではなく暗証番号の入力での対応であろうと思われました。このことから、私は「名義貸し」は事実ではないかと考えました。

　そこで、「名義貸し」の事実を前提として、私は、申立代理人に対して、クレジットカード作成を拒否できなかった理由、クレジットカードの暗証番号の管理、クレジットカードを渡した後にカード会社に利用中止を連絡するなどの対応をしなかった理由などいくつかの事項を照会しました。その結果、破産者がその人にクレジットカード作成を執拗に強

要されていた事情、結果的には効果的ではなかったが、破産者自身も、債権者の被害が大きくならないよう対応しようとしていたことがわかりました。なお、クレジットカードの暗証番号については、破産者本人が設定したものをカードの交付を受けた人物に伝えていたとのことでした。

これらの判明した事実に加えて、破産者自身も「名義貸し」をしたことは軽率であったとの反省文を提出していたことから、「名義貸し」をするに至った経緯には汲むべき事情があると判断しました。

また、破産者は破産管財人からの照会に対しても速やかに回答するなど破産手続に協力していること、生活の状況から破産者の経済的更生の可能性は高いことをもあわせて考慮したうえで、私は免責相当の意見を述べ、裁量免責が認められました。

この免責許可決定に対しては、免責不許可の意見を申述したカード会社から即時抗告がなされることはありませんでした。

体験談2

キャバクラ好きの破産者

弁護士12年目　男性

破産者の免責の可否が問題となった事案で、私が鮮明に記憶しているものがあります。

70歳代の高齢者が、キャバクラに通い詰めることとなったことから負債が数百万円に膨らんでしまい、破産申立を余儀なくされたという事案でした。

申立てに先立ち、私としてもなぜそのような浪費行為に及んだかを丹念に聞き取り、今後は二度とそのような浪費行為をしないことを誓約させて申立てに及びました……否、及んだつもりでした。

しかし、破産者はその後もひそかにキャバクラ通いを継続していまし

た。破産者は失職後、年金収入だけでは生活費が不足するため、区から生活保護（住宅扶助）を受けていましたが、キャバクラに通うため、ケースワーカーにも内緒でアルバイトを行い、給与振込の口座までもひそかに作成していたのです。

その後、破産者の行動を不信に思ったケースワーカーが破産者の行動を見張っていたことから、秘密で行っていたアルバイトと口座の存在が明らかとなったのでした。

私は、これまでに多数の破産申立を経験してきたものの、免責不許可が頭をよぎった事案は後にも先にもこれが初めてのことでした。

その後、生活保護が打ち切られた破産者に猛省を促すとともに、今後一切店には近づかないことを誓約させ、通い詰めていた女性ホステスの連絡先も聴取したうえで破産管財人に上申し、破産管財人から相手方への確認をとってもらうこととしました（実際に破産管財人の方では相手方女性に電話をかけ、もう店に来ていないことを確認したうえ、今後も店には入れないように説得をした模様です）。

当時の記録（破産管財人宛ての上申書）によると、破産管財人に対し費消した金額の一部を破産財団に対する積立という形で「弁償」することまでを提案しています（※なお、東京地方裁判所では、いわゆる免責積立の運用は完全に廃止されています（『破産管財の手引〈第2版〉』359頁、360頁））。

結果的に、破産管財人からは免責不許可事由があるものの、裁量で免責を許可するという意見をもらうことができ、免責決定を得ることができました。

東京地方裁判所の運用では、破産手続開始・免責許可申立書に記載のない破産者の財産が発見された場合、免責の観点からは、破産者に当該財産を隠匿する意図があったか否かについて調査するため、申立書に当該資産を記載しなかった理由についても調査する必要があるとされており（『破産管財の手引〈第2版〉』358頁）、このような観点からすれば当該事案の免責は一見絶望的とも思えます。

しかし他方で、実際の運用においては、破産者が破産管財人の調査に

協力しない等の例外的な場合でなければ、免責不許可の判断がなされることは多くはないというのが実感です。破産管財人は、免責不許可意見を述べる予定である場合には、免責審尋期日前のできるだけ早い段階（当該期日の2週間前頃）に裁判所との協議を行う運用とされていますが、それもそのような方針の現れといえます（『破産管財の手引〈第2版〉』359頁）。実際、自分が他の事案で目にした免責不許可決定は、破産者が管財手続中に失踪し、管財業務に全く協力しなかったというケースでした。

したがって、万一、破産者が虚偽の説明をするなど免責不許可となり得るような事実の存在が事後的に明らかになった場合であっても、そこで諦めることなく、今一度、破産者をして破産手続に誠実に協力させるためには何ができるのかを考えることが必要といえます。

そして、破産者に破産手続に協力させるためには、事実をきちんと説明しなければ免責を得られないことや、万が一、免責が得られなければ、これまで準備した破産申立の手続全てが水泡と帰してしまうことをきちんと説明することが何よりも重要です。

しかし、破産者にきちんと実感として伝わっているのか疑問がよぎることもあり、悩みは尽きない問題です。

ワンポイントアドバイス

申立後も連絡は密に！

東京地方裁判所も含め、全国的に、免責不許可となる例は多くないのが実情です。

しかし、破産者が破産手続に誠実に協力しているかというのは大変重要なポイントであり、なかでも、万が一これをしてしまうと、まず間違いなく不許可となるのが債権者集会の（無断）欠席です。

依頼者である破産者の利益を図る、すなわち免責を受けて経済的再生を図ることを実現することをも目的とする申立代理人としては、債権者集会に破産者が欠席することのないよう十分に注意しなければならないところですが、欠席を防ぐために重要なのは、破産者と連絡を密にとることです。地道で当たり前のことと思われるかもしれませんが、申立後2か月後ないし3か月後の免責審尋ないし債権者集会までの間は、申立代理人としての業務が落ち着くと、破産者との連絡が疎かになってしまうことは往々にしてあります。「その後生活は落ち着いてる？　借入とかしてないよね？」の一言をかける、その少しの手間を惜しまず連絡をとって、大事に至ることを避けましょう。

　なお、特に申立前の場面では、破産者と連絡をとろうとしても、連絡がとれなくなるということもないわけではありません。介入通知をした後、自分のところに連絡が来なくなって安心するのでしょうか、それまでは危機感を持っていたはずの破産者が電話に出なくなり、折り返し連絡もないという場合があります。仕方なく辞任を示唆する書面を送付すると、焦って電話をしてくる。まるで自分が債権者に成り替わったかのように錯覚するようなケースもあるでしょう。

　このような場合、やむなく申立代理人の辞任を検討することもあろうかと思いますが、辞任をした場合には債権者に迷惑がかかることが考えられます。可能な限り辞任回避に向けて努力し、並行して、破産者にそれまでにかかった手間や債権者に対する責任を理解してもらい、自覚いただくことも重要です。

編集後記

　破産手続について１冊の本にまとめるのは難しい問題があります。
　一つは、破産事件において、弁護士は、申立代理人として破産者（破産の申立てをしようとする人）のために活動する場合のほかに、破産管財人として、第三者的立場で活動する場合があることから、いずれに向けた本にするかが問題になります。本をまとめるにあたっては、申立代理人向けの本、破産管財人向けの本にわけるという考え方もあります。しかし、本書では、問題を申立代理人・破産管財人双方の立場から理解できるようにするために敢えて、申立代理人・破産管財人双方の体験談を一冊にまとめました。多くの先生方は、申立代理人・破産管財人いずれの立場も経験されるのでご理解いただけるかとは思いますが、同じ問題でも、申立代理人の立場と破産管財人の立場で異なる結論になることもありえます。各体験は、申立代理人・破産管財人いずれかの立場で書かれていますので、逆の立場から見た場合、考え方や結論が異なるのではないかと感想を持たれることもあるかもしれません。各体験談では、それが申立代理人としての経験なのか明記するように努めましたが、立場によって異なる考え方もあり得ることを踏まえてお読みいただければと思います。
　もう一つ問題になるのは、破産手続の場合、各裁判所によって、書式・必要添付書類・手続の進め方等にかなり違いがあるという点です。本書の場合、執筆担当者は全員が東京弁護士会に所属する弁護士である関係で、東京地方裁判所の書式や必要添付書類、手続の進め方を前提と

した体験談が多くなっています。特に東京以外の先生方におかれましては、この点も理解くださるようお願いします。

　本書の各体験談は、守秘義務の関係で実際の事件をそのまま記載しているわけではありませんが、破産者や多数の債権者の利害が入り乱れる中で奮闘した先輩弁護士らの記録です。体験談での対応が必ずしも正解とは限りません。もっとこうした方が良かったのではないか、妥当な解決になったのではないかという悩みや忸怩たる思いも含まれています。しかし、このような正解のない問いに対して奮闘した体験そのものが、弁護士にとっては貴重な財産です。読者の皆様には、本書により先輩弁護士の奮闘を是非追体験していただき、今後担当する破産事件の対応における一助としていただければ、執筆者一同にとっても望外の幸せです。

　最後に、各執筆の先生方、並びに親和全期会代表幹事弁護士楠本維大先生、執筆のほか私と同じく編集を担当した瀬川千鶴先生、金川征司先生、今井智一先生．そして第一法規株式会社河田愛様、宗正人様、及び池田将司様、その他の関係者の方々、皆様のご尽力で本書を刊行できたことを大変嬉しく思います。この場をお借りして厚く御礼申し上げます。

平成 30 年 11 月
編集代表
弁護士　　佐藤千弥

執筆者一覧 (五十音順)

編集代表・執筆

佐藤千弥　　　　弁護士（56期・東京弁護士会）／佐藤法律会計事務所

編集・執筆

今井智一　　　　弁護士（63期・東京弁護士会）／今井関口法律事務所
金川征司　　　　弁護士（60期・東京弁護士会）／表参道総合法律事務所
瀬川千鶴　　　　弁護士（59期・東京弁護士会）／青南法律事務所

編集協力

楠本維大　　　　弁護士（56期・東京弁護士会）／楠本法律事務所

執筆

淺枝謙太　　　　弁護士（61期・東京弁護士会）／牛込橋法律事務所
市来寛志　　　　弁護士（60期・東京弁護士会）／一橋綜合法律事務所
枝廣恭子　　　　弁護士（62期・東京弁護士会）／銀座ブロード法律事務所
春日井太郎　　　弁護士（58期・東京弁護士会）／スプリングサン法律事務所
川端克俊　　　　弁護士（59期・東京弁護士会）／弁護士法人 遠藤綜合法律事務所
齋　雄一郎　　　弁護士（60期・東京弁護士会）／日比谷見附法律事務所
酢谷裕子　　　　弁護士（60期・東京弁護士会）／銀座PLUS総合法律事務所
園山佐和子　　　弁護士（60期・東京弁護士会）／佐藤法律会計事務所
髙橋未紗　　　　弁護士（61期・東京弁護士会）／千鳥ヶ淵法律事務所
中谷ゆかり　　　弁護士（58期・東京弁護士会）／大高法律事務所
濵田憲孝　　　　弁護士（59期・東京弁護士会）／濵田総合法律事務所
堀川裕美　　　　弁護士（60期・東京弁護士会）／日比谷見附法律事務所
馬渕裕二　　　　弁護士（63期・東京弁護士会）／馬渕総合法律事務所

―――― サービス・インフォメーション ――――
―― 通話無料 ――
① 商品に関するご照会・お申込みのご依頼
　　　　　TEL 0120(203)694／FAX 0120(302)640
② ご住所・ご名義等各種変更のご連絡
　　　　　TEL 0120(203)696／FAX 0120(202)974
③ 請求・お支払いに関するご照会・ご要望
　　　　　TEL 0120(203)695／FAX 0120(202)973

●フリーダイヤル（TEL）の受付時間は、土・日・祝日を除く
　9:00〜17:30です。
●FAXは24時間受け付けておりますので、あわせてご利用ください。

こんなところでつまずかない！
破産事件21のメソッド

2018年12月15日　初版発行
2019年 4 月15日　第 2 刷発行

編　著　東京弁護士会　親和全期会
発行者　田　中　英　弥
発行所　第一法規株式会社
　　　　〒107-8560　東京都港区南青山2-11-17
　　　　ホームページ　http://www.daiichihoki.co.jp/
デザイン　中村圭介・堀内宏臣
　　　　（ナカムラグラフ）

破産事件21　ISBN 978-4-474-06528-4　C3032 (4)